88HABITS TO BECOME A STRONG WOMAN

팍팍한 남자들 팔팔하게 쏘자
여자가 강해지는 88습관
이희영 지음

동서문화사

88 습관의 힘을 믿으십시오.
팔팔한 습관이 당신의 인생을 변화시킬 것입니다.
힐러리 클린턴

팍팍한 남자들 팔팔하게 쏘자
여성은 88 습관의 힘이 강하다
이희영

당신은 무엇을 고민하나요? 제대로 되는 일이 하나도 없나요? 실패의 연속인가요?
그렇다면 당신에게 한 가지 질문을 던지겠습니다.
"당신은 생동하는 싱싱한 삶을 살고 있나요?"
"혹시 당신은 나른나른한 하루하루를 보내고 있진 않나요?"
만일 당신이 지겹고 무미건조하고 시들시들한 일상을 그저 마지못해 살아가고 있다면, 정말 안타까운 노릇입니다. 특히 예전엔 빛나는 성공인생을 꿈꾸었던 여성이 그런 늘어지는 낮잠 속에 빠져버린다면, 얼마나 불행하고 슬픈 일인가요. 어떻게 해야 한낮의 쏟아지는 잠에서 깨어날 수 있을까요? 자, 멘토의 희망의 소리를 들으십시오.
여기 당신의 삶에 활력을 불어넣을 88 습관들이 있습니다.

첫째, 꿈꾸는 능력을 키우십시오.
둘째, 힘차게 뛰는 심장처럼 일하십시오.
셋째, 인간관계의 짐에서 벗어나십시오.
넷째, 최적의 사랑을 발견하십시오.
다섯째, 똑똑하고 강하게 사랑하십시오.

여섯째, 홀로 있을 때 더 미소 지으십시오.
일곱째, 창조적인 휴식을 가지십시오.
여덟째, 섹스는 기쁨으로 맞이하십시오.

인생을 복잡하게 생각마세요. 단순하게 생각하면 단순해집니다. 인생의 게임에서 승기를 잡고 싶은가요? 비법은 바로 강함에 있습니다. 바로 운명의 여신은 지혜로운 자의 편에 서서 키를 잡고 바람과 파도와 맞서 항해한답니다.

이미 성공했다고 믿으십시오. 당신은 무엇이든 할 수 있습니다. 당신은 여성으로서의 당신의 재능을 아직 5%밖에 쓰지 않았습니다. 당신 앞을 지나가는 무수한 기회들을 당신의 88습관의 힘으로 잡으십시오.

요즈음 꽉막한 남자들이 많이 눈에 띄지요. 그들을 당신의 화살로 팔팔하게 쏘는 것입니다. 그래야 여성이 진정 성공자가 될 수 있습니다. 사랑도 연애도 모두 마찬가지입니다. 충만한 자신감을 가지고 활시위를 당겨 마침내 강해지는 지혜를 쟁취하십시오. 성공의 메시지가 당신의 문을 노크할 것입니다.

저는 평범한 사실 가운데서 아주 특별한 습관을 이끌어내어 글을 쓰려고 노력했습니다. 시대가 바뀌어도 변하지 않는 보편적 관념으로부터 실생활에 빛나는 기지를 발휘하는 가르침을 추출하기 위해 숙고했습니다.

부디 이 책속에 들어있는 생명력 넘치는 강력한 88습관 테마들이 당신 인생을 긍정적이고 혁신적으로 변화시키기를 바랍니다.

　행복은 언제나 가까이에 있습니다.
　크고 작은 습관의 개선으로 인해 당신이 행복해질 수 있다면, 멘토의 의무는 다 한 것입니다.

　이 책이 나오기까지 여러 분야에서 활약하고 있는 여성들이 자료수집과 정리의 도움을 주었습니다. 편집책임을 맡은 박지은, 자료를 수집하고 글을 쓰는 데 아낌없는 지원을 해준 장윤형 송혜선 김윤숙 한수진에게 고마움을 전합니다.

2008년 5월 푸르름을 맞으며
이희영

여자가 강해지는 88 습관
차례

빡빡한 남자들 팔팔하게 쏘자
여성은 88 습관의 힘이 강하다—이희영

여자가 강해지는 88 습관 1
꿈꾸는 능력을 키워라 · 17

동트기 전이 가장 어둡다
당신은 가진 재능의 5%밖에 쓰지 않았다
살아가는 방식을 표현할 줄 아는 여성
꿈을 꾸는 능력
절대로 포기할 수 없는 희망
성실함은 여성의 또다른 매력
지금 주어진 일에 여성1인자가 되라
아주 작은 일에도 성공의 씨앗이 숨어 있다
하고 싶은 일이 있다면 여기저기 소문내세요
1년을 13달로 만든다
눈앞의 일부터 하나씩 하나씩
진정한 라이벌은 나 자신

♣ 강해지는 지혜를 담은 아름다운 에세이
　언제나 심은 대로 거둡니다

여자가 강해지는 88 습관 2
힘차게 뛰는 심장처럼 일하라 · 49

남성을 이기려면 여성자신 가치를 높일 것
상사를 대하는 방법
상사에게 당신의 업무의욕을 보여 주세요
상사의 호통을 긍정적으로 받아들이세요
뷰티플 마인드
상사가 체면 구기지 않게 거절하라
남자의 농담 능숙하게 받아넘기기
피곤한 모습보다 차라리 웃음을 보여라
평일에 쉰다
사내연애는 냉철한 절도가 있어야
♣ 강해지는 지혜를 담은 아름다운 에세이
　시골우체국장의 연설

여자가 강해지는 88 습관 3
인간관계의 짐에서 벗어나라 · 79

스마일의 30%, 50%, 80%
긍정적인 사람은 긍정적인 사람끼리

불편한 사람일수록 웃음을 선사하자
싫은 사람에게 다가가기
용서한 뒤의 고요한 마음
충고한 뒤에도 노력하는 모습
지혜롭게 칭찬하는 법
품격 있게 헤어지기
약속시간에 늦었을 때는, 감사의 말을 전하자
남자친구 집에서 식사를 마치고나서
♣ 강해지는 지혜를 담은 아름다운 에세이
　　어머니의 수프

여자가 강해지는 88 습관 4
최적의 사랑을 발견하라 · 107

그의 이름을 한번 불러보세요
내일이면 늦으리. 마음 전할 시간 오늘뿐
사랑 받으려면 겉모습부터 가꿀 것
남자 마음을 움직이는 여자의 무기
첫 데이트에 성공하는 여자
지혜로운 음성사서함 활용법
여자사랑 1000미터, 남자사랑 100미터

사랑한다는 말은 그가 먼저
남자를 달달 볶지 마세요
가르쳐주세요
포용력이 강한 여성은 아름답다
남자를 배려하는 여자의 거짓말
여자친구 앞에서 내 남자 흉보기
권태기를 극복하는 여자의 깜짝선물
♣ 강해지는 지혜를 담은 아름다운 에세이
레티샤의 토마토

여자가 강해지는 88 습관 5
똑똑하고 강하게 사랑하라 · 145

여자는 물이고, 남자는 불인가
격려 받고 싶은 남자, 위로 받고 싶은 여자
남자는 "가르쳐 줘!" 이런 말을 못한다
남성이 이해하지 못하는 여성의 한 마디
마음에 품어온 이상형 남자는?
진심이 무시당할 때는 어떻게 할까요?
착한여자 콤플렉스에서 벗어나기

비밀 없는 연인사이의 함정
물어봐! 날 정말로 좋아하나요?
남자의 부드러운 거짓말
사랑을 접어야 할 때도 있다
나에게 최고의 남자란?
실연의 아픔을 어떻게 치유할까?
♣ 강해지는 지혜를 담은 아름다운 에세이
　당신은 얼마나 사랑할 수 있나요?

여자가 강해지는 88 습관 6
홀로 있을 때 더 미소 지어라 · 183

달마다 꿈 하나씩 만들기
뒤돌아보게 만드는 아름다움
여자가 홀로 서려면
비밀의 화원을 가꾸세요
달콤한 고독을 즐기는 여자
홀로 떠나는 여행 그 멋과 맛
마음속에 울려 퍼지는 아픔이 마음을 기른다
아름다운 자기암시

태양의 웃음 보름달의 눈물
미소의 위력!
2만 원짜리 반지를 3천만 원짜리처럼 끼는 방법
돈이 없다고 말하지 않는다
♣ 강해지는 지혜를 담은 아름다운 에세이
　삶의 기쁨을 노래하는 카나리아

여자가 강해지는 88 습관 7
창조적인 휴식을 가져라 · 215

레몬이 있으면 레모네이드를 만들어라
생각하고 감사하라
고난이 가져온 진정한 휴식
부드러운 대답이 마음을 움직입니다
당신은 왜 피로한가?
오늘을 잘 살아라
괴로움을 모두 털어 놓아라
있는 그대로 받아들여라
바쁘게 사는 것이 최선의 휴식이다

피로해지기 전에 쉬어라
생의 그 날을 위해
♣ 강해지는 지혜를 담은 아름다운 에세이
　들장미가 우리에게 베푸는 것

여자가 강해지는 88 습관 8
섹스는 기쁨으로 맞이하라 · 247

키스라는 이름의 비타민
두려움 속의 첫경험
플라토닉 러브를 꿈꿉니까?
그는 당신의 몸을 확인하고 싶어합니다
느끼는 척해서는 안 됩니다
언제나 새로운 절정의 순간
일과 섹스 라이프
남자는 여자의 우아한 품격에 약합니다
진정한 섹스, 바람기 섹스
그의 말을 믿는가?
♣ 강해지는 지혜를 담은 아름다운 에세이
　금잔화 씨앗 640개

1

여자가 이기는 88 습관
꿈꾸는 능력을 키워라

당신은 오늘도 성공을 꿈꿉니까?
여기 당신을 빛나는 도약으로 안내하는
훌륭한 지혜의 습관들이 있습니다.
지금 이 책을 열고 들어오십시오.

이런 일을 했더라면 저런 일이 일어났을 것이라든가, 이런 일을 하지 않았더라면 저런 일도 일어나지 않았을 것이라는 말을 여자들은 얼마나 자주 하게 되는가! 만약 그런 말들을 시험해볼 수만 있다면, 그것이 얼마나 새빨간 거짓말인지 알 수 있을 것이다.

미래의 결과가 불을 보듯 뻔하게 보일지라도 그 사실에 전적으로 의존하지는 말라. 사태가 예상과 반대로 전개될 경우를 위한 대안도 항상 마련해 두어야 한다. 세상에는 사람들의 예측에서 크게 벗어나는 일이 비일비재하다.

동트기 전이 가장 어둡다

곧 날이 밝아온다는 것을 알고 있는 여성은
결코 인생의 어둠을 두려워하지 않습니다.

'나의 소망들은 언제쯤 이루어질까?'

가슴속에 큰 꿈을 품고 열심히 달려왔음에도, 상황은 더 나빠지는 수가 있습니다. 하지만 걱정하지 마세요. 그것은 지금까지의 불운이 스스로 무너지는 현상에 불과합니다.

새 건물을 지으려면, 먼저 낡은 건물을 부수어야 합니다. 굉음이 들리고 쓰레기 더미가 쌓이고 먼지가 말할 수 없을 정도로 날리지요. 하지만 그 시기를 넘기면, 아름답고 멋진 건물이 세워지지 않던가요? 낡은 건물이 부서져 내리는 광경을 지켜보며 언제까지나 섭섭해 할 필요는 없습니다. 새로 세워질 훌륭한 건물을 떠올리며 미소 짓는 자세가 중요합니다.

당신은 동트기 전이 가장 어둡다는 사실을 아나요? 칠흑 같은 어둠입니다. 하지만 어둠 속에 갇혀 있어도 곧 날이 밝아온다는 것을 아는 여성은 어둠을 결코 두려워하지 않습니다. 사랑과 구원의 빛이 곧 찾아올 것임을 알기 때문입니다.

성공을 꿈꾸고 승리를 믿으십시오. 그것은 여자가 강해지는 훌륭한 마음의 습관입니다.

꿈꾸는 능력을 키워라

당신의 소망은 반드시 이루어질 것입니다. 바로 온 우주가 당신을 돕기 때문입니다.

♣ 삶을 이기는 멘토

1. 당신이 살아오면서 가장 힘겨웠던 때는 언제였나요?
2. 당신은 어떻게 그 고난을 이겨냈나요?

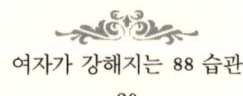

여자가 강해지는 88 습관

당신은 가진 재능의 5%밖에 쓰지 않았다

그대의 눈앞에는 광대한 토지가 펼쳐져 있습니다.
'잠재된 재능'이라는 같지 않은 비옥한 땅입니다.

혹시 능력의 한계를 느끼기 시작했나요?

그럼 눈을 감고 천천히 심호흡을 하면서 이런 이미지를 떠올려 보세요.

눈앞에 열심히 일궈온 밭이 있습니다. 바로 당신의 '재능'이라는 밭이지요. 그런데 요즘 들어 흙은 메마르고, 곡식들은 열매를 맺지 않습니다. 당신은 이제 밭의 한계를 느끼기 시작했습니다. 말라버린 땅을 억지로 일구려니 지치기만 할 뿐, 전혀 성과가 오르지 않습니다.

그때 내가 이렇게 제안합니다.

"뒤를 한번 돌아보세요."

당신은 천천히 뒤를 돌아봅니다. 당신의 눈앞에 믿기지 않을 정도의 광대한 토지가 무한하게 펼쳐져 있습니다. '잠재된 재능'이라는 이름의 비옥한 땅입니다.

당신은 묻습니다.

"이것이 나의 땅입니까?"

맞습니다. 당신 모르게 이제껏 잠자고 있던 95%의 재능입니다.

우리의 내부에는 90% 이상의 아직 쓰이지 않은 능력,

꿈꾸는 능력을 키워라

다시 말해 잠재능력이 있다고 합니다. 그 능력은 필요에 따라 깨어나고, 발휘됩니다. 참 멋지고 효율적인 시스템이지요. 필요한 능력만을 필요에 따라 사용할 수 있게 해 주는 기능이라니, 창조주는 역시 위대합니다.

그런데 어떻게 하면, 그 능력을 사용할 수 있을까요?

그것은 바로 당신 자신에게 달려 있습니다. 당신의 모든 가능성에 열정을 쏟으십시오. 당신은 아직 5%의 재능밖에 쓰지 않았습니다. 당신의 재능을 모두 계발하기에 인생은 너무 짧습니다. 한탄하고 있을 시간이 없습니다. 지금부터는 더욱 소중하게 하루하루를 보내야 합니다.

잠재된 비옥한 토지를 일굴 곡괭이는 어디 있나요? 마르지 않는 당신의 재능과, 끝없이 펼쳐진 여성으로서의 가능성을 확인하십시오. 그것이 여자가 강해지는 가치 있는 습관입니다.

♣ 삶을 이기는 멘토

1. 당신은 매일매일 얼마나 열심히 일하고 있나요?
2. 당신은 집에서나 학교에서나 직장에서나 자신의 능력을 충분히 발휘하고 있다고 믿나요?

여자가 강해지는 88 습관

살아가는 방식을 표현할 줄 아는 여성

짐이 없는 사람은 게을러지기 쉽습니다.
반면 짐을 짊어진 사람은 의욕을 불태웁니다.
인생의 짐이 의욕을 불러일으키는 셈입니다.

이 세상에서 가장 훌륭한 표현수단은 무엇일까요.
바로 인간입니다. 인간 자체야말로 최고의 표현수단입니다. 그 사람이 살아가는 모습을 살펴보면, 다른 수단 없이도 그의 모든 것을 파악할 수 있습니다.
즉, 삶에는 그 사람의 모든 것이 드러납니다.
아내이자 어머니이며 며느리이고, 동시에 회사 경영자인 여성도 있습니다. 그녀는 혼자서 많은 역할을 해내야 합니다. 또 병에 걸린 자식을 돌보며 꿋꿋이 살아가는 싱글맘도 있습니다.
이처럼 역경을 딛고 열심히 살아가는 여성이 많지요. 우리는 그들을 보고 훌륭하다고 생각합니다. 그런데 신기하게도, 역경을 겪는 사람일수록 더 열심히 사는 경향이 있습니다. 어느 정도 짐을 짊어져야지만 삶이 충실해진다는 것이지요.
짐이 하나도 없으면 편할 것 같은가요? 어깨가 가벼우니까 즐겁게 살아갈 수 있을 거란 생각이 드나요? 하지만 실제로는 그렇지 않습니다. 짐이 없는 사람은 게을러지기 십

꿈꾸는 능력을 키워라

상입니다. 반면 짐을 짊어진 사람은 의욕을 불태우죠. 말하자면 인생의 짐이 의욕을 불러일으키는 셈입니다.

주위에서 보기에는 그저 놀라울 뿐이지요.

"열악한 환경에서도 정말 열심히 사는구나. 대단해!"

그러나 본인은 담담하게 말합니다.

"제가 특별한 것이 아니에요. 이런 상황에서는 누구나 저같이 행동할 겁니다."

그렇습니다. 힘든 일이 있다고 좌절하지 마세요. 어려운 상황은 좋은 기회도 함께 몰고 옵니다. 고난을 극복함으로써, 당신의 살아가는 자세를 모두에게 보여줄 기회라고 생각하세요.

♣ 삶을 이기는 멘토

1. 평탄하지 않은 인생의 여정이 당신에게 선사한 것은 무엇인가요?
2. 인생의 짐으로부터 자유로워지는 길은 무엇일까요?

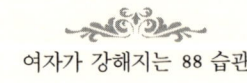

꿈을 꾸는 능력

꿈을 꾸는 능력이 있는 여성은,
그 꿈을 이룰 수 있는 능력도 분명 지니고 있습니다.

한 소년이 독수리 알을 발견했습니다. 소년은 그것이 독수리 알이란 사실을 미처 모르고, 닭장의 암탉 둥지에 알을 놔두었습니다. 암탉은 다른 알들과 함께 독수리 알을 품었습니다. 얼마 뒤 독수리 새끼가 알에서 깨어났습니다. 암탉은 새끼 독수리를 병아리들과 함께 키웠습니다.

새끼 독수리는 자신이 닭이라고 믿고, 닭을 흉내 내며 자랐습니다. 어느 날, 새끼 독수리가 하늘을 올려다보았습니다. 커다란 새가 멋지게 창공을 날아가고 있었습니다. 새끼 독수리는 무척 신기해하며 어미닭에게 물었습니다.

"저건 무슨 새죠?"

암탉은 독수리라고 대답했습니다.

새끼 독수리는 환희에 차서 말했습니다.

"엄마, 나도 저렇게 되고 싶어요!"

암탉은 조곤조곤 새끼 독수리를 타일렀습니다.

"그건 무리야. 넌 닭이니까."

새끼 독수리는 고개를 떨어뜨리고, 닭장 깊숙한 곳으로 들어가 몸을 웅크렸습니다.

결국 새끼 독수리는 자신이 독수리라는 사실을 깨닫지

꿈꾸는 능력을 키워라

못한 채 어른이 되었습니다. 그리고 죽을 때까지 '나는 날 수 없어'라는 착각에 빠져 살았습니다.

이 유명한 이야기에 나오는 새끼 독수리, 혹시 당신이 아닌가요? 우리는 자신의 능력을 의심합니다. 가슴에 큰 뜻을 품고도, 자꾸만 불안해합니다. 그래서 '나한테는 꿈을 이룰 만한 능력이 없어'라고 믿어버립니다.

사람이 큰 뜻을 품는다는 것은, 그 일을 해낼 수 있다는 증거입니다. 꿈을 꾸는 능력이 있는 사람은, 그 꿈을 이룰 수 있는 능력도 분명 지니고 있습니다.

그저 조금의 용기만 보태세요. 당신은 꿈을 이루기 위해 태어난 여성 중의 여성입니다. 겁먹지 마세요. 지금부터 꿈을 향해 전진하는 겁니다.

♣ 삶을 이기는 멘토
1. 지금 당신의 가슴속엔 꿈의 새싹이 자라고 있나요?
2. 당신은 언제쯤 그 꿈을 향해 나아갈 계획인가요?

여자가 강해지는 88 습관

절대로 포기할 수 없는 희망

당신은 지금 무엇에 열정을 쏟고 있습니까?
당신의 눈동자에 비치는 것은 무엇입니까?

어떤 성공한 여성이 말했습니다.
"나는 결코 천재가 아닙니다. 다른 사람보다 몇 배 노력했을 뿐입니다. 그래도 나를 천재라고 부른다면, 천재란 노력 없이는 될 수 없는 존재라고 하겠습니다."

천재라고 불리는 사람은, 자신이 노력하고 있다는 사실을 의식하지 못합니다. 의식하는 것은 열정뿐입니다. 한 가지 일에 몰두하는 사람을 보고 주위 사람들은 노력가라고 평가합니다. 그리고 그것이 멋진 결과로 연결되면, 그 사람은 천재가 됩니다.

마음속에 진정한 열정을 가진 여성은 실패하거나 주저앉고 싶어도 포기하지 않습니다. 오히려 실패를 성공하는 길목에 있는 하나의 언덕쯤으로 생각합니다.

그렇다면 그들은 어떻게 끝까지 몰두할 수 있는 걸까요?

그것은 작품이 완성되거나, 꿈을 달성했을 때의 이미지를 미리 떠올릴 수 있기 때문입니다.

예술가는 작품을 만들어 가는 과정에서 머릿속으로 이미 완성작을 본다고 합니다. 그래서 작품이 주위 사람들의 눈에는 썩 훌륭해 보일 때도, 정작 작가는 아직 불충분하

꿈꾸는 능력을 키워라

며 창작을 계속합니다. 그는 더욱 멋진 이미지를 보았기 때문입니다.

먹는 것도 자는 것도 잊고 무언가에 몰두해본 적이 있나요? 그렇다면 가족들이 염려할 만큼 몸이 혹사되어도 더할 나위 없이 행복했음을 기억할 것입니다.

꿈이란 열정을 쏟아 부을 가치가 있는 미래의 이미지입니다.

당신은 지금 무엇에 열정을 쏟고 있습니까? 당신의 눈동자에 비치는 것은 무엇입니까? 그것은 눈앞에 있는 것이 아니라, 당신의 미래가 보여주는 꿈이 아닌가요?

♣삶을 이기는 멘토
1. 지금 이 순간, 당신에게는 절대로 포기할 수 없는 희망이 있습니까?
2. 그 희망이 갖는 의미, 가치, 이상은 무엇일까요?

성실함은 여성의 또다른 매력

언제 어디서나 한결같이 노력하세요.
당신의 성실함은 높이 평가받을 것입니다.

사람들은 성실한 사람을 좋아합니다.

성실한 사람이란 어떤 사람일까요? 간단히 말하면, 언제나 한결같이 노력하는 사람입니다. 그 사람의 마음가짐과 행동에는 야비함이나 비겁함이 없습니다. 겉과 속이 똑같습니다.

세상에는 겉과 속이 다른 사람이 많습니다. 상대에 따라 태도를 바꾸는 사람, 집 안과 집 밖에서의 생활이 전혀 다른 사람……

하지만 성실한 사람은 어떤 상황에서든 변치 않습니다.

어느 대형 옷가게의 점원 대부분은 평범한 여성들이었습니다. 그런데 그 중에서 유난히 눈에 띄는 여자 점원, K씨가 있었습니다. '성실함'을 그림으로 그려놓는다면 그녀일 것 같았지요.

그다지 좋지 않은 대우, 무능력한 점장, 자기들끼리 수다 떠느라 바빠서 손님을 소홀히 하기 일쑤인 동료들……. 이처럼 열악한 환경 속에서도 K씨는 흔들리지 않았습니다. 그저 맡은 일을 묵묵히 할 뿐이었습니다.

옆에서 보면 감탄이 나올 정도였지요. 그녀의 성실한 태

꿈꾸는 능력을 키워라

도는 손님들에게 감명을 주었습니다. 그래서 손님들은 일부러 그녀를 찾았습니다. 아마 그 가게의 판매실적 중 상당 부분은 K씨가 거두었을 겁니다.

점장이 그녀에게 잔심부름을 부탁할 때도 종종 있었습니다. 하지만 그녀는 인상 한 번 찡그리지 않았습니다. 보통 사람이라면 투덜거릴 법도 한데 말이지요.

그 가게 점원들은 두 사람이 한 팀으로 일했습니다. 항상 두 명의 점원이 가게에 대기하는 것이 원칙이었죠.

그녀와 한 팀인 나이 어린 여성은 지각, 결근을 밥 먹듯 하는 사람이었습니다. 게다가 실력도 부족했죠. 가게에 보탬이 안 되는 파트너였습니다.

무능력한 점장에게는 사람 보는 눈마저 없었나 봅니다. 불성실한 사람조차도 돈을 주고 고용하는 것을 보면 말입니다. 그렇다고 고용한 점원을 제대로 교육하는가 하면, 그것도 아니었습니다.

"K씨, 얘 교육 좀 잘 부탁해."

이렇게 다른 사람에게 일을 떠맡기고는 슬그머니 꽁무니를 빼면 그만이었죠.

그래도 K씨는 불평 한 마디 없이 열심히 일했습니다.

결국 그녀의 이런 태도는 윗사람의 눈에 들었습니다. 덕분에 K씨는 다른 매장의 점장으로 승진하게 되었지요. K씨가 그곳에서 일한 지 3년 남짓 되었을 때 일입니다.

K씨는 훌륭한 인재였습니다. 그래서 짧은 시간 내에 윗사람들에게 인정을 받은 것이지요. 그런데 세상에는 그녀

처럼 유능한 여성만 있는 것이 아닙니다. 앞에서 소개한 무능한 점장처럼, 5년이고 10년이고 경영을 해도 전혀 발전하지 못하는 여성도 있죠.

두 여성이 이토록 차이가 나는 이유는 무엇일까요?

바로 '성실'입니다.

세상에는 크게 두 종류의 사람이 있습니다.

스스로 기회를 만들어서 꾸준히 성장하는 사람과, 누군가가 자신을 성장시켜주기를 마냥 기다리는 사람. K씨는 전자이고 무능한 점장은 후자입니다. 이처럼 두 사람의 태도는 확연히 달랐지요. 그래서 결과에서 차이가 난 겁니다.

"나도 좀 더 공부할 기회가 있었다면······."

"직장이 안 좋아서 그래. 연수도 제대로 안 보내 주는 걸."

"우리 부모님이 과외를 시켜주지 않아서······."

이렇게 변명해봤자 아무 소용없습니다. 자기 인생은 스스로 개척해야 합니다. 남에게 기대기만 하는 사람은 성장할 수 없습니다.

유능하고 신뢰받는 여성이 되고 싶나요? 그렇다면 투덜거리지 말고 현장에 나가 발로 뛰세요. 그것이 책, 세미나, 연수 등에 매달리는 것보다 훨씬 효과적입니다.

예를 들어 파트너가 지각, 결근을 밥 먹듯 한다고 해봅시다. 당신은 그 문제를 해결할 수 있을까요? 아닙니다. 파트너와 대화를 해봐도 해결이 안 될 겁니다. 자신의 의사소통 능력이 얼마나 부족한지를 절감하겠지요. 답답해서

꿈꾸는 능력을 키워라

화도 날 겁니다.

　하지만 그와 동시에 얻는 것도 있죠. 설득력이나 교섭력, 의사소통 능력, 관찰력, 통찰력 등의 중요성을 깨달을 테니까요. 즉, 자신의 능력을 계발해야겠다고 결심하게 되는 것입니다.

　사람은 자신의 부족함을 깨달음으로써 성장합니다.

　'이 문제는 너무 어려운 걸. 뭐, 놔두면 누가 대신 해주겠지.'

　이러한 마음가짐으로는 아무리 책을 열심히 읽고 수많은 세미나에 참석한들, 결코 성장하지 못합니다.

　당신 앞에 놓인 문제를 외면하지 마세요. 남이 해주길 기대하지도 말고, 정면 승부하세요. 자기 일을 남에게 미루는 사람을, 우리는 불성실한 사람이라고 부릅니다.

　성실함도 하나의 습관입니다. 성실한 사람은 나날이 성장합니다. 성실은 성공의 무기이자 약속이기 때문입니다.

♣ 삶을 이기는 멘토
1. 당신은 직장생활에 만족하나요?
2. 직장 안에서 성실한 직원을 보면, 어떤 생각이 드나요?

지금 주어진 일에 여성1인자가 되라

**어떤 일이라도 그 분야의 1인자가 되겠다고 결심하고
남보다 조금 더 노력하면 성공할 수 있습니다.**

성공하는 사람은 어딘가 다르다는 말을 많이 하지요. 나는 얼마 전 알게 된 한 여성을 보고 그 말뜻을 깨닫게 되었습니다.

그녀는 20세 때 요리사 견습생으로 어느 호텔에 입사하였습니다. 그 호텔 방침에 따라서 신입사원은 모두 3년 동안 냄비 닦기를 해야 했습니다.

그런데 그 여성은 일을 시작하는 마음가짐이 조금 남달랐습니다. 다른 사원들은 장차 이름난 요리사가 되리라, 최고로 맛있는 요리를 만들리라는 희망을 가지고 있었지만, 그녀는 국내에서 가장 냄비를 잘 닦는 사람이 되자고 맘먹은 것입니다.

업무시간 내내 그녀는 싫은 얼굴 한번 하지 않고, 날마다 반짝반짝 냄비를 닦았습니다. 모두 퇴근을 하고난 뒤에도 주방에 남아 냄비를 닦았습니다.

한편 다른 신입사원들은 종일 불평불만을 늘어놓기 일쑤였습니다.

"왜 이런 시시한 일을 매일 해야 하지? 나는 냄비를 닦기 위해 입사한 게 아냐. 요리를 만들기 위해 입사한 거라

꿈꾸는 능력을 키워라

고!"

그런 마음으로 닦은 냄비가 깨끗할 리 없죠.

그 여성의 적극적이고 부지런한 모습은 굳이 드러내지 않아도 눈에 띨 수밖에 없었습니다. 선배들은 그녀를 높이 평가하며 매우 아꼈습니다. 그리고 1년 뒤 선배들은 그녀에게 요리의 숨은 비법들을 남몰래 전수해주었습니다. 언제나 늦은 시간까지 혼자 남아 냄비를 닦았기 때문에, 다른 신입사원들은 이런 사실을 눈치 채지 못했습니다.

그녀는 누구보다도 빨리 요리의 노하우를 터득하였고, 요리장으로 승진하였습니다. 요리장이 되어서도 그녀의 성실함은 변함이 없었습니다.

그리고 그녀의 마음속엔 다시 새로운 신념이 싹트기 시작했습니다. 바로 국내 최고의 요리장이 되는 것이었죠. 그녀는 차차 실적을 인정받아 그 호텔의 중역으로까지 발탁되었습니다.

그녀는 강해지는 법을 알고 있었습니다. 이런 결심과 행동이면 충분했습니다. 바로 어떤 일이 주어지더라도 그 분야에서 1인자가 되겠노라는 신념이었습니다.

♣ 삶을 이기는 멘토
1. 당신은 주어진 일에 최선을 다하나요?
2. 성공하기 위해서 가장 필요한 것은 무엇일까요?

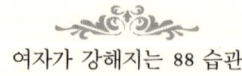

아주 작은 일에도 성공의 씨앗이 숨어 있다

작은 일에서도 재미와 즐거움을 발견한다면,
그것으로 인해 한 걸음 전진하는 기회를 얻을 수 있습니다.

입사 새내기들은 보통 복사하는 일을 도맡아 합니다. 그들은 왜 그런 하찮은 일을 자신들이 해야 하는지에 대해 아주 쉽게 짜증을 내고 맙니다.

당신은 부디 인상 찌푸리지 말고 입가에 미소를 띠며 즐거운 맘으로 일하세요. 복사하는 일이 그렇게 나쁜 일만은 아닙니다. 사실 이 업무를 통해 회사의 정보를 얻게 되고, 사원들과의 커뮤니케이션도 원활해질 수 있습니다.

내가 알고 있는 일류기업의 여성 CEO는 신입사원 시절 자진해서 복사를 하겠다고 했답니다. 그리고 복사할 서류의 내용을 살펴보고 좋은 정보는 자기 몫으로 한 장 더 복사했다고 합니다.

그녀는 차츰 회사의 상층부는 어떻게 움직이고 있는지, 상사가 어떤 기획서를 쓰고 있는지를 알게 되었고, 서류 쓰기의 요령까지 익힐 수 있었습니다.

또 복사기의 차례를 기다리고 있는 동안 인사만 나누던 옆 부서의 사원들과 대화할 기회도 생기게 되었죠. 대단한 내용의 대화는 아니나 상대에게 자기의 인상을 남길 수 있고 또 약간의 정보도 얻을 수 있었습니다.

꿈꾸는 능력을 키워라

"내가 복사나 하려고 이 회사에 들어온 줄 아나?"
이렇게 불평불만하고 있었나요?

기억하세요. 작은 일에서도 보람과 즐거움을 발견한다면, 그것으로 인해 한 걸음 전진하는 기회를 얻을 수 있습니다. 그것은 사소한 부담에 강해질 수 있는 재치 있는 습관입니다.

♣ 삶을 이기는 멘토
1. 당신은 비중 없는 일을 맡는 게 부당하다고 생각하나요?
2. 사소한 일에서도 성실성을 발휘하세요. 당신을 바라보는 동료들의 시선이 달라질 것입니다.

하고 싶은 일이 있다면 여기저기 소문내세요

중요한 것은 일에 대한 열정입니다.
꼭 하고 싶다는 의지를 알리세요.
일이 들어오면, 모두들 먼저 당신을 떠올릴 것입니다.

지금 마음속에 하고 싶은 일이 있나요? 그렇다면, 그 사실을 되도록 많은 사람들에게 알리세요. 그러면 실제로 좋은 기회가 찾아오기도 합니다. 그것도 꽤 높은 확률로 말입니다.

그 일을 하고 싶은 이유는 중요하지 않습니다. 즐거울 듯하다, 돈을 많이 벌 수 있다, 전부터 흥미가 있었다……. 뭐든 상관없습니다.

그저 누구를 만날 때마다 그 사실을 가볍게 전하세요.

"요즘 그 일이 해보고 싶어졌어."

이 말이면 충분합니다. 상대에게 뭘 해달라고 부탁할 필요 없습니다. 그저 사실만 전하세요. 그러면 그 일로 향하는 길이 십중팔구 뚫립니다.

당신이 여기저기 소문내고 다니면, 그 사실이 사람들의 머릿속에 남습니다. 실제로 그런 일이 누군가의 눈앞에 나타났을 때, 그 사람은 문득 당신을 떠올릴 겁니다. 그리고 당신에게 연락하겠죠.

"이런 일이 들어왔는데, 너 전에 이거 하고 싶다고 말했

꿈꾸는 능력을 키워라

었잖아? 한번 해볼래?"

어떤가요? 그럴듯한 상황이지요?

당신이 많은 사람들에게 자기 소망을 알리고 다닐수록, 소원이 이뤄질 가능성이 높아집니다. 부지런히 광고하세요.

그리고 상대에게서 연락이 왔을 때는 기꺼이 받아들이세요. 한 번도 안 해본 일이라도 상관없습니다. 솔직하게 말하고 도움을 청하세요.

"해본 적은 없지만 꼭 하고 싶습니다. 조금만 도와주신다면……."

운이 좋으면 그가 당신을 도와주겠지요.

중요한 것은 그 일에 대한 의지입니다. 꼭 하고 싶다는 의향을 상대에게 보이세요. 당신이 그 일을 잘해낸다면, 사람들은 당신을 신뢰할 겁니다. 그래서 그런 일이 들어올 때마다 당신에게 연락하겠지요.

하고 싶은 일을 주위에 알리는 것, 강해지는 멋진 습관입니다.

♣ 삶을 이기는 멘토
1. 당신에겐 남모르는 소망이 있나요?
2. 그 소망을 왜 아무에게도 말하지 않나요?

여자가 강해지는 88 습관

1년을 13달로 만든다

시간이 없을 때는 불필요한 일은 줄이세요.
익숙해지면 삶이 훨씬 충실해집니다.

시간을 효율적으로 쓰는 것, 이것이 성공의 지름길이고 강해지는 습관입니다. 시간에 질질 끌려 다니는 사람은 성공하기도 어렵고, 삶에 불만을 느끼기 쉽습니다. 행복한 인생을 원한다면 시간을 지배하세요.

나는 다음 두 가지 방법을 자주 활용합니다.

첫째, 아침 시간을 90% 이상 활용합니다.

시간을 효과적으로 활용하는 가장 좋은 방법은, 아침 시간을 유용하게 쓰는 것입니다. 아침 시간은 매우 귀중합니다. 왜냐하면 누구에게도 방해받지 않는 시간이니까요.

아침에 누구보다도 일찍 일어나세요. 가족들이 깨어날 때까지 혼자만의 시간을 누릴 수 있을 겁니다.

혼자 사는 사람이라도 아침에는 일찍 일어나는 것이 좋습니다. 아침 시간을 여유롭게 보내면 하루 종일 의욕적으로 일할 수 있습니다. 반대로 늦잠 자는 바람에 헐레벌떡 출근하면, 기운이 쭉 빠져서 일할 마음이 나지 않지요.

하루하루를 유용하게 보내고 싶다면 아침 시간을 활용하세요. 분명 효과가 있을 겁니다.

꿈꾸는 능력을 키워라

둘째, 동시에 합니다.

되도록 여러 가지 일을 동시에 진행하세요. 물론 어려운 일들을 동시에 할 필요는 없습니다. 그러면 아무것도 제대로 하지 못하므로, 오히려 효율이 떨어집니다. 사소한 일을 동시에 해보세요.

예를 들어, 지하철로 이동하면서 책을 읽는 것도 시간을 활용하는 좋은 방법입니다. 설거지를 하면서 영어 방송을 듣는다든가, 드라마를 보면서 운동을 하는 것도 좋겠지요. 이처럼 같이 할 수 있는 일을 동시에 하면 효율적입니다.

두 가지 이상의 일을 동시에 하면 논리적인 사고력도 발달합니다. 요리하는 과정을 한번 떠올려보세요. 우리는 요리할 때 많은 일을 동시에 진행합니다. 예를 들어 감자 샐러드를 만들 때는, 감자를 삶으면서 드레싱을 만들지요. 감자가 다 삶아지기를 기다렸다가 드레싱을 만드는 사람은 없을 겁니다. 이를 일상생활에도 적용해 보세요.

나는 위의 두 가지 방법을 활용해서 남는 시간을 하루에 1시간 정도 만들어냅니다. 그리고 그 시간을 나 자신을 위해 투자합니다.

24시간 중 1시간은 대단히 긴 시간입니다. 월요일부터 금요일까지 따지면, 일주일에 5시간은 벌 수 있죠. 1년을 52주라고 계산하면, 1년에 260시간이나 벌게 됩니다. 우리가 회사에서 일하는 시간은 하루 8시간 정도지요. 260시간을 8시간으로 나누면 32일이 나옵니다. 즉, 32일 동안 회사에 안 나가고 노는 것과 다름없죠. 말하자면 1년을 13달로 활용하는 셈입니다.

당신도 얼마든지 한 달을 더 만들 수 있습니다.

♣ 삶을 이기는 멘토
1. 아침 출근시간, 당신은 지하철 안에서 무엇을 하나요? 혹시 책을 읽고 있습니까? 아니면 꾸벅꾸벅 졸고 있나요?
2. 하루 1시간이 넘는 출퇴근 시간 동안 꼬박 책을 읽는다면, 얼마만한 가치가 생산될까요?

눈앞의 일부터 하나씩 하나씩

만약 당신이 언제나 막연한 불안감에 빠져 있다면?
너무나 먼 곳을 보고 있는 것인지도 모릅니다.

운전할 때 당신은 얼마나 멀리 보면서 운전하나요? 운전할 때의 시거리는 스피드, 노면 상태, 날씨, 운전기술 등에 영향을 받습니다.

고속도로를 시속 120킬로미터로 달리고 있는데 20미터 앞밖에 보고 있지 않다면, 앞에 가는 차가 갑자기 감속하는 순간 충돌하고 맙니다. 운전 중의 시거리는 시속과 비례시키라는 말이 있습니다. 즉 시속 120킬로미터라면 120미터 앞을, 시속 40킬로미터라면 40미터 앞을 보는 것이 적당하다는 말입니다.

인생도 마찬가지입니다. 일이 진행되는 스피드나 주위 상황, 자신의 능력에 맞춰 얼마나 멀리 볼지를 조정해야 합니다.

만약 당신이 언제나 막연한 불안감에 빠져있다면? 당신의 인생은 빠른 스피드로 진행하고 있지 않는데 너무 먼 곳을 보고 있는 것인지도 모릅니다. 그럴 때는 멀리 보는 것을 멈추고 눈앞의 일에 시선을 돌리도록 하세요.

예측 불가능한 10년 뒤를 상상하면서 이것저것 고민하기보다 한 달 뒤, 석 달 뒤, 자신이 어떻게 되었으면 좋겠는지에 시각을 맞추세요. 그러면 지금까지 간과했던 일의 즐거움도 느낄 수 있고, 자신이 해야 할 일도 보여 불안한 기분을 줄일 수 있습니다.

지나치게 먼 곳을 바라보는 것은 자칫 패배의 습관으로 굳어질 수 있습니다. 그보다는 조금 더 가까운 곳을 바라보며 승리의 느낌을 익히는 것은 어떨런지요.

♣ 삶을 이기는 멘토
1. 당신은 지금 너무 먼 곳을 바라보고 있지는 않나요?
2. 예측 불가능한 10년 뒤를 상상하느라 마음의 에너지를 낭비하지 마세요.

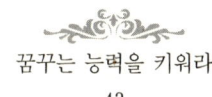

꿈꾸는 능력을 키워라

진정한 라이벌은 나 자신

내 안의 라이벌을 냉엄하게 의식하고,
나 이외의 사람을 부드러운 눈으로 바라보아야 합니다.

다른 사람과 비교해서 뒤떨어진 것은 전혀 부끄러운 일이 아닙니다. 정말 부끄러운 것은 올해의 내가 작년의 나에 비해 한 걸음도 진보하지 않는 것이지요.

라이벌은 나 자신입니다.

에너지가 차고 넘치는 젊은 시절에는 타인을 라이벌로 설정하는 것도 도움이 됩니다.

'저 사람에게는 지지 않겠다.'

이런 각오가 에너지를 쏟는 방향을 명확하게 해주니까요. 그러나 내가 아닌 누군가를 라이벌로 삼으면, 그와 승부에만 중점을 둔 관계를 맺게 됩니다. 승리하더라도 그 대가로 관계를 잃는 쓸쓸함을 맛보아야 하지요.

그 마음속에 남은 고독함의 쓴맛을 보고 나면 한 가지 중요한 사실을 깨닫습니다.

'다른 사람이 아니라, 나 자신을 라이벌로 삼아야 진정한 성장이 있다.'

나 이외의 사람과 키를 재보는 것, 곁눈질로 타인의 위치를 가늠해 속으로 은근히 안심하거나 질투하는 것, 이 모두가 다 내가 약하기 때문입니다.

여자가 강해지는 88 습관

그런 약함이 타인과의 경쟁을 부추기고, 이로써 자신을 더욱 상처 입히고 괴롭힌다는 사실을 깨닫는 순간이 옵니다.

그때, 비로소 진정한 라이벌은 나 자신임을 알게 되는 게 아닐까요? 중요한 것은 타인과의 경쟁이 아니라 조화임을 깨닫게 될 것입니다.

내 안의 라이벌을 냉엄하게 의식하고, 나 이외의 사람을 부드러운 눈으로 바라보아야 합니다. 그런 눈길을 지닌 당신은 이미 강해지는 습관에 들어 있습니다. 더 이상 약한 마음의 소유자가 아니죠.

진정한 강함이란 부드러움입니다. 진정으로 강하기 때문에 나 이외의 누구하고도 경쟁하지 않을 수 있는 것입니다.

♣ 삶을 이기는 멘토
1. 당신의 라이벌은 누구입니까?
2. 진정한 라이벌은 자기 자신입니다. 당신 자신과의 경쟁에서 꼭 이기세요.

꿈꾸는 능력을 키워라

언제나 심은 대로 거둡니다

긴 인생의 여정엔 언제나 지혜의 스승들이 함께 합니다. 내게도 몇 분의 강인한 믿음의 스승들이 있었습니다.

그 중에서도 학교선생님이셨던 나의 할머니는 잊을 수 없는 지혜의 스승이셨습니다.

무엇보다도 어린 시절, 나는 할머니와 씨앗 심던 추억이 지금도 생생합니다.

봄이 되면, 우리는 정원의 울타리 아래에 호박이며 콩, 옥수수, 참외, 오이를 심었습니다.

할머니는 내 눈을 바라보시며 열심히 말씀하시곤 하셨지요.

"사과씨를 심으면 사과나무가 나고, 밤나무를 심으면 커다란 밤나무를 얻게 된단다. 잡초를 심으면 잡초를 거두게 될 거야. 그렇듯이 위대한 사람이 되려면 위대한 생각을 심어야 한단다. 그리고 잘 가꾸어야 하겠지……. 이해하겠니? 내가 무슨 말을 했는지?"

나는 그 시절 할머니께서 똑같은 것을 다른 말로 표현했다는 것을 생각하고 머리를 끄덕이곤 했습니다.

과연 성공의 씨앗이란 무엇일까요?

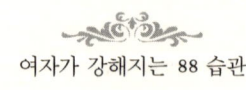

그것은 우수한 부모로부터 자녀에게 이어지는 특별한 유전인자인가요? 상속된 은행구좌, 지능지수, 가죽 한 꺼풀의 미모, 훌륭한 지위를 말하는 것일까요?

나이가 들어가면서, 나는 훌륭한 삶을 살기 위해 마음속에 위대한 생각의 씨앗을 심으려면 어떻게 해야 하느냐고 할머니께 묻고 싶어졌습니다. 아마 내가 직접 물었더라면, 독실한 기독교 신자인 할머니는 열심히 성경을 읽으라고만 하셨을 것입니다.

쥴스 번은 이미 19세기에 달나라로의 유인 우주선 모험을 계획했습니다. 플로리다에 우주정거장 부지를 선정하고 놀랄 정도로 자세히 우주선 발사 청사진을 상상했었지요. 1969년 아폴로 11호는 쥴스 번의 상상력의 실현이었습니다.

마거릿 대처는 21세까지 아버지 구멍가게에서 살았습니다. 그녀가 어떻게 감히 어려운 시기의 영국을 이끌어 나가리라고 생각했겠습니까?

또 그랜드마 모세를 알고 있나요? 그녀는 70세가 되어서야 비로소 그림을 그리기 시작했습니다. 그리고 5백 점도 넘는 유명한 작품들을 남겼죠.

르느와르를 보세요. 처음엔 아무도 그의 그림을 좋아하지 않았습니다. 파리의 한 미술전문가가 그의 작품을 들여다보며 비웃었습니다. "당신은 재미삼아 물감장난을 했구료." 그러자 르느와르는 호탕하게 웃으며 대답했지요. "물론이오. 그림 그리는 게 재미있지 않았다면, 일찌감치 그만 두었을 것이오."

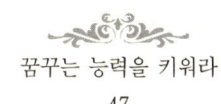
꿈꾸는 능력을 키워라

그들은 모두 생각의 큰 힘을 믿고 능력을 발휘한 강인한 사람들입니다.

나는, 어느 해 겨울 크리스마스 이브를 잊을 수 없습니다.

그때 파리사회과학고등연구원 EHESS에서 여성학을 공부하고 있었죠. 그날 한국에서 전화 한 통화가 걸려왔을 때, 나는 메이는 가슴을 억누를 수가 없었습니다. 할머니의 부음이었습니다.

아주 오래전 나에게 성공의 씨앗과 생각의 힘에 대해서 열심히 설명하시던 잊지 못할 할머니의 추억이 되살아났습니다.

또 다른 생의 시작—할머니는 또 다른 새로운 정원에 씨앗을 심으러 떠나신 것입니다.

할머니를 기억할 때마다 나는 여러 해 전 서울의 나무 그늘에 앉아 이야기하시던—할머니는 내가 어른이 된 뒤에도 곧잘 예전의 말씀을 되풀이 하셨습니다—그 분의 정원으로 돌아가고 싶어집니다. 지금도 할머니의 말씀이 들려옵니다.

"아가야, 항상 심은 대로 거둔단다. 사과씨를 심으면 사과나무를 얻게 될 거야. 위대한 생각을 심으면, 위대한 사람이 된단다. 그리고 잘 가꾸어야 하겠지……. 내가 하는 말을 이해하겠니?"

이희영

2

여자가 이기는 88 습관
힘차게 뛰는 심장처럼 일하라

당신은 지금 막 입사했습니까?
여기 당신을 최고의 커리어우먼으로 만들
열정의 스킬이 있습니다.
지금 이 책을 열고 들어오십시오.

재능이 뛰어난 여자가 판단력이 뛰어난 남자를 활용할 때보다 판단력이 뛰어난 여자가 재능이 뛰어난 남자를 활용할 때 그 효과가 크다.

　같은 기회가 두 번쯤 주어져야 그것을 진짜 행운이라 부를 수 있을 것이다. 왜냐하면 웬만큼 현명한 여성이라도 처음엔 기회를 놓치거나 잘못 이용하는 경우가 많기 때문이다. 반면에 기회가 두 번씩이나 찾아오는 행운을 만나고도 그것을 놓친다면 그녀는 바보임에 틀림없다.

남성을 이기려면 여성 자신 가치를 높일 것

남성을 대결의 상대로 보지 말고,
공존의 상대로 받아들이세요.
중요한 것은 나를 위해 조금이라도 좋은 결과를 맺는 것이니까요.

여성에게 남성은 이겨야만 하는 상대일까요?

만약 당신이 남성을 반드시 끌어내려야 할 경쟁자라고 생각한다면, 그건 아무 의미 없는 일이 될 것입니다. 상대를 이기려는 마음만 가득해서 자신의 가치를 높이기 위한 시도를 하려 들지 않기 때문입니다. 그것처럼 어리석고 무모한 일은 없지요.

이제 사회는 성별이나 집안, 학력, 외모보다 객관적으로 증명된 실력을 통해 계층이 분화되고 있습니다. 또한 일의 과정보다 이루어낸 결과가 모든 평가의 키워드가 되고 있지요.

이를 깨닫는다면, 아무 의식 없이 무조건 남성을 추월해야겠다고 마음먹는 것은 시간을 허비하는 어리석은 일임을 알 수 있겠지요. 다시 말해, 남성을 대결의 상대로 보지

힘차게 뛰는 심장처럼 일하라

말고, 공존의 상대로 받아들이라는 것입니다. 중요한 것은 나를 위해 조금이라도 좋은 결과를 맺는 것이니까요.

만일 남성 경쟁자를 설득하여 달성할 수 있는 일이라면, 최선을 다해 협력을 꾀하세요. 당신의 섬세한 여성적 재능을 능력껏 발휘하면서 말입니다. 앞서 말했듯 사회는 과정보다 결과를 중시합니다.

무조건 대결하기에 앞서 최대한 협력을 꾀하고 화합을 이루어내는 습관, 그것이 바로 직장생활에서 여자가 강해지는 탁월한 습관입니다.

♣ 삶을 이기는 멘토
1. 남녀차별을 없애기 위해 능력을 키우고 있나요?
2. 남자사원을 경쟁 대상으로 삼은 적이 많나요?

상사를 대하는 방법

직장은 제2의 가정입니다.
상사와의 사이가 원만하면, 하루하루가 수월합니다.

부하직원을 존중하고 배려하는 상사. 처음에 요령을 자세히 알려준 뒤 나머지는 부하에게 전부 맡기는 상사. 그러다가 바쁠 때는 부하와 함께 열심히 일하는 상사……

이런 상사 밑에서 일하고 싶지 않은가요? 그러면 여성으로서 세상을 이기는 방법이 보일 텐데요. 하지만 현실은 냉정합니다. 위와 같이 이상적인 상사를 만나기란 아쉽게도 불가능에 가깝습니다.

그렇다면 상사에 대한 불만을 해소할 수 있는 방법이 필요합니다. 차근차근, 여러 가지 상사의 유형과 그에 따른 대처법에 대해 알아보기로 합시다.

① 부하의 제안을 무조건 묵살하는 상사

이런 상사는 자존심이 강하고, 고집이 세며, 자기 업적을 무엇보다 중시합니다. 자기애가 강하기 때문이죠. 이런 상사를 상대로는, 완벽한 기획서는 제출하지 않는 편이 좋습니다. 모자란 부분이나 미완성된 부분을 남겨 두세요. 그것을 상사에게 맡김으로써 상사의 체면을 세워주는 것입니다. '나 혼자'가 아닌 '우리'임을 강조하세요.

힘차게 뛰는 심장처럼 일하라

② 위험을 무릅쓰지 않는 상사

위험 요소가 있는 일은 극도로 꺼리며, 안전한 편에 서서 묻어가길 바라는 상사. 우유부단한 사람들의 특징입니다. 사실 관리직에는 어울리지 않는 사람이죠.

이런 사람을 설득하려면 비슷한 전례부터 찾아야 합니다. 그것을 상사에게 보여주세요. 비슷한 예가 있다는 점을 강조하고, 이번 기획안이 전보다 더 훌륭하다는 것을 주장하세요.

③ 의논에 서투른 상사

가장 골치 아픈 유형의 상사이기도 합니다. 이런 상사와 억지로 의논해봤자 소용없습니다. 아무리 논리적인 설득이라도 상대의 반감을 살 뿐이죠.

이론적인 토론은 미루어두고 상대와 친분을 유지하며 신뢰 관계를 먼저 쌓으세요. 확고한 신뢰를 얻은 뒤 현대 사회에서 논리가 얼마나 중요한지 가르쳐주세요.

④ 전략 없이 일하는 상사

애매한 언동으로 코앞에 닥친 위기만 모면하려는 상사와 파트너가 되었나요? 그렇다면 당신에게 커다란 통찰력이 필요합니다. 그런 상사는 대체로 미래를 내다보는 눈이 없기 때문이죠. 그에게는 중장기적 전략이란 것이 없습니다.

상사를 위해 전략 하나하나를 완벽한 문서로 만드세요. 상사가 흔들릴 때마다 그 문서를 제시하는 것이죠. 그러면 올바른 방향으로 진로를 수정할 수 있을 것입니다.

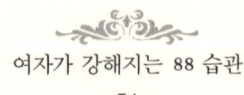

⑤ 신경질적이고 완벽주의인 상사

타고난 완벽주의자 성향의 상사는 회사에서 고립되기 쉽습니다. 그래서 늘 외롭지요. 그에게 가급적 자주 칭찬해 주세요. 곁에서 이야기를 들어주는 것도 신뢰를 얻는 방법입니다.

⑥ 피해의식이 심한 상사

이런 상사에게는 져주는 것이 최선입니다. 당신의 유능함으로 인해 그는 피해의식에 시달릴 테니까요. 소신껏 당신의 실력을 보여주되 중요한 시점에서는 살짝 뒤로 물러나세요. 가장 빛나는 자리를 상사에게 양보하는 것입니다. 공적을 상사에게 돌리고 당신은 실리를 챙기세요.

⑦ 의욕이 없는 상사

언제나 얼굴을 잔뜩 찡그리고 있는 상사도 있습니다. 늘 곁에 있어야 하는 당신의 기분마저 덩달아 우울해지죠.

의욕을 잃어버린 상사는 매사에 짜증 섞인 비난만 일삼으며 일을 진취적으로 해결하지 못합니다.

가급적 그 상사 곁에 오래 있지 마세요. 일의 능률을 위해서라도 명랑하고 의욕적인 동료 쪽으로 눈길을 돌리는 편이 현명합니다.

⑧ 자주 말이 바뀌는 상사

하루에도 몇 번씩 말을 바꾸는 상사가 있습니다. 좋게 말하면 적응력이 뛰어난 사람이죠. 시시각각 변화하는 현

힘차게 뛰는 심장처럼 일하라

대 사회에서는 이처럼 유연한 자세가 필요할지도 모릅니다.

그러나 부하 입장에서 이보다 피곤한 상사가 또 있을까요? 겨우 해놓은 일이 매번 물거품으로 변하기 일쑤이니, 나중에는 감당하기 어려워집니다.

화나는 마음을 가라앉히고 종종 상사와 일에 대해 상의하며 그의 의도를 확인하세요.

⑨ 변화에 뒤처지는 보수적인 상사

오늘날은 변혁의 시대입니다. 눈 깜짝할 새에 많은 것이 변화하죠. 이런 사회에 발빠르게 적응하지 못하는 상사가 있는 건 당연합니다. 젊은 사람들조차 뒤처지는 경우가 많으니까요. 상사가 보수적이라고 불평만 해선 안 됩니다. 이럴 때는 상대를 존중하는 마음이 필요합니다. 상사의 단점보다는 장점에 주목하세요. 그를 너무 몰아붙이면 안 됩니다.

직장은 제2의 가정입니다. 상사와의 사이가 원만하면, 하루하루가 수월하게 지나갑니다. 윗사람이 변화하기를 바라지 말고 당신이 윗사람에게 맞출 수 있도록 먼저 노력하세요.

♣ 삶을 이기는 멘토
1. 당신의 직속상사는 어떤 유형인가요?
2. 당신은 그 상사의 결점을 어떻게 보완할 생각인가요?

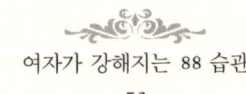

상사에게 당신의 업무의욕을 보여 주세요

누구에게나 불가능한 일은 있습니다.
하지만 처음부터 못한다고 거절하면
당신의 능력을 향상시킬 기회를 잃습니다.

일을 부탁하면 못하겠다고 고개를 푹 수그리는 여직원이 있습니다.

그러나 좀 무리다 싶은 일을 부탁받았을 때, 한순간 표정이 딱 굳어지긴 해도 이렇게 대답하세요.

'알겠습니다. 해보겠습니다.'

이런 사람에게서는 업무에 대한 의욕을 엿볼 수 있습니다. 반대로 못하겠다고 선언해 버리는 부하직원에게 그 일을 지시한 상사는 이렇게 말하고 싶어집니다.

"여기는 직장이라고. 놀러온 게 아니잖아?"

물론 감당하기에 무리라고 생각되는 일도 있을 것입니다. 가령, 업무상 필요한 파티에 나가 100명 정도의 사람과 명함을 주고받았다고 합시다. 다음 날, 당신의 상사가 그 명함을 다 꺼내 오전 중으로 정리하라고 했을 때 이렇게 말해보세요.

"해보겠지만, 좀 많아서 오전 중에 다 마치지 못할 수도 있습니다. 함께 정리할 사람이 있었으면 좋겠습니다."

그러면 명함 정리를 도와줄 직원을 더 부를지도 모르고,

힘차게 뛰는 심장처럼 일하라

또는 이렇게 말할 수도 있습니다.

"꼭 오전 중이 아니더라도 괜찮으니까 할 수 있는 데까지 해봐요."

당신이 점심마저 거른 채 명함 정리에 매달린다면 열심히 일하는 부하직원이라는 인상을 받게 될 것입니다. 게다가 그날 중에 리스트로 만들어 필요한 곳에 발송해야 한다면 다른 직원도 함께 불러서 명함 정리를 도울 수도 있습니다.

누구에게나 불가능한 일은 있습니다. 하지만 처음부터 못한다고 거절해버리면 당신의 능력을 향상시키고, 일에 대한 의욕을 보여 줄 수 있는 좋은 기회를 잃게 됩니다.

상사는 언제나 당신의 능력을 채점하고 있습니다. 온몸에 활력을 공급하는 당신의 심장처럼 일하십시오.

'알겠습니다. 해보겠습니다.'

부담스런 일 앞에서도 이렇게 의욕을 보이는 것이야말로 직장생활에서 여자가 강해지는 습관 제1법칙입니다.

♣ 삶을 이기는 멘토

1. 오늘 상사가 당신에게 부담스런 업무를 지시한다면, 당신은 어떻게 대처하겠습니까?
2. 절대로 처음부터 거절하지 마세요. 최선을 다해 노력해 보는 겁니다. 그렇게 할 때, 당신의 능력은 발전합니다.

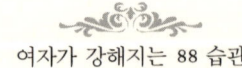

상사의 호통을 긍정적으로 받아들이세요

호통 치는 소리에 아랑곳없이 묵묵히 일을 하면
상사의 호통은 힘을 잃게 될 것입니다.

"돈이 얼마나 많이 들어간 줄 알아!"
"그런 식으로 일하려면 당장 그만둬!"
"무슨 일을 해도 항상 그 모양이야!"

상대를 가리지 않고 퍼붓는 상사의 호통에 질려버린 적 없나요? 이런 때는 정말이지 씁쓸한 기분이 듭니다.

'상사가 안 나오면 회사 분위기가 평화로울 텐데.'

이런 생각마저 들지요.

그런데 호통을 치는 상사는 자신 때문에 모두가 불안해한다는 사실을 모릅니다. 자신의 생각대로 움직여주지 않으니까, 큰 소리를 내는 것뿐이지요.

이럴 때에는 어떻게 해야 할까요?

최선책은 신경을 끄는 것입니다. 물론 잇따라 표적을 발견한 상사의 큰소리가 아침부터 끊이지 않는다면 고통스럽겠죠.

이런 상황에서는 영화 스타워즈의 오비원처럼 바리케이드를 치세요.

부장, 과장, 상사, 거래처 직원, 선배……, 상대가 누구든 관계없습니다.

힘차게 뛰는 심장처럼 일하라

'나는 너보다 강하다. 너 같은 건 간단히 해치우겠다!'

상대가 목소리를 높이기 시작하면 즉시 자동 바리케이드를 치는 것입니다.

구체적으로 말하면 일에 집중하자며 마음을 다잡는 것이지요. 월급은 일을 한 대가로 회사로부터 받는 것이니 상사의 소음에 일일이 대응할 필요가 없습니다. 그러다가 중요한 업무가 늦어지면 더 큰일입니다. 그렇게 생각하면 방어 장치는 자동적으로 작동됩니다.

상사의 소동을 진정시키기 위해 스스로 희생양이 되는 갸륵한 동료가 있는데, 상사는 그 갸륵한 마음씨를 알아주지 않습니다. 도리어 화를 낼 때마다 희생양을 물고 늘어지지요.

호통 치는 소리에 아랑곳없이 냉정한 태도로 묵묵히 일을 하면 상사의 호통 치는 횟수가 줄어들 뿐만 아니라 표적 찾기도 힘들어질 것입니다. 직장생활에 아주 긴요한 습관이지요. 일종의 강해지는 습관이 아닐 수 없습니다.

상사의 호통소리가 들려오거든 집중력을 높이기 위해 지르는 소리라고 생각하세요. 그러면 자동 바리케이드 장치가 안전하게 작동할 것입니다.

♣ 삶을 이기는 멘토
1. 당신의 상사는 호통을 잘 치나요?
2. 상사의 호통소리가 들려오면, 꾹 참고 일에 집중하자 맘을 다잡으세요.

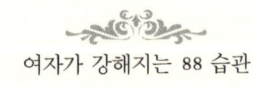
여자가 강해지는 88 습관

뷰티플 마인드

매사에 긍정적으로 생각하는 것,
직장생활의 여러 문제와 맞서
아주 멋지게 이길 수 있는 좋은 습관입니다.

회사 복도에서 마주친 상사에게 인사를 하는 것은 당연한 일입니다. 그러나 그 상사가 굉장히 불쾌한 얼굴로 당신을 무시하고 지나가 버린다면, 그때 당신은 어떤 생각이 들까요?

'저 상사는 나를 미워해.'

'사람이 인사를 했는데도 무시하다니, 상사면 다야?'

그러나 그것은 지나친 판단이 될 수도 있습니다. 상사는 단지 잠시 동안 골치 아픈 생각에 빠져 있었거나 혹은 치통 때문에 주위 사정을 깨닫지 못했을 수도 있습니다.

절대로 멋대로 판단하고 그것으로 기뻐하거나 슬퍼하지 마세요. 당신은 크든 작든 자기만의 생각으로 모든 일을 판단하는 경향이 있습니다.

그러면 이 문제를 해결하기 위해서는 어떻게 하면 좋을까요?

모든 일을 긍정적, 건설적으로 생각하는 것이 중요합니다. 당신에게 낙천적인 발상을 하라고 제안하고 싶습니다. 낙천적인 발상이란, 자기가 체험하는 현상, 혹은 자기에게

힘차게 뛰는 심장처럼 일하라

 닥쳐오는 현상을 모두 자기 상황에 맞게 좋은 것으로 해석하는 사고방식을 말합니다.
 이것을 습관화하게 되면, 언뜻 보기에 마이너스라고 생각되는 현상을 만나더라도, 순간적으로 받아들이는 사고를 바꿀 수 있습니다. 플러스의 감정만이 잠재의식 속에 충만하게 되지요. 즉, 마음의 상태도 플러스로 전환하는 것입니다.
 몇 가지 예를 들어 보겠습니다.
 하나, 컴퓨터 데이터를 잘못해서 지워버렸다면? 이것으로 신중한 작업의 중요성을 깨달았다.

둘, 급성 요통증을 앓게 되었다면? 요통 예방조치를 마스터하는 좋은 기회다.

셋, 거래처 납품이 지연되어, 큰 꾸중을 들었다면? 작업 공정을 재검토하는 좋은 기회가 되었다.

넷, 실수로 팩스를 잘못 보냈다면? 작은 일도 소홀히 하지 않는 습관을 배우게 되었다.

이와 같이, 마이너스 현상을 만나게 되더라도 플러스로 해석하도록 노력하면, 그 자체가 플러스 상념이 되어 잠재의식에 남게 됩니다.

꼭 기억하세요. 인생은 당신이 생각하기 나름입니다. 생각의 방향에 따라 밝아질 수도 어두워질 수도 있습니다. 매사에 긍정적으로 생각하는 것, 그것이야말로 직장생활의 여러 트러블과 맞서 당신이 아주 부드럽게 이길 수 있는 좋은 습관입니다.

♣ 삶을 이기는 멘토
1. 쌀쌀한 상사의 태도가 괴롭나요?
2. 생각을 긍정적으로 전환시켜 보세요. 분명 달라지는 무언가가 있을 것입니다.

힘차게 뛰는 심장처럼 일하라

상사가 체면 구기지 않게 거절하라

"시간이 한 시간밖에 없는데 괜찮을까요?"
자연스럽게 적당히 빠져나올 수 있는 틈을 마련하세요.

상사가 한턱 내겠다는 것을 거절하기란 쉬운 일이 아닙니다. 선약이 있더라도 그 자리에서 단번에 거절해 버린다면 찬바람이 몰아치겠죠. 기분 좋게 한턱 내겠다고 했는데 일언지하에 거절당한다면 말을 꺼낸 상사의 기분이 좋을 리 없을 테니까요.

만일 어쩔 수 없이 거절해야 할 상황이라면, 일단 "고맙다"는 인사를 한 뒤에 사정을 말하는 것이 현명합니다. 그래도 거절하기 힘들 때는 우선 상사의 말에 동조하고 나서 거절의 뜻을 밝히도록 하세요.

예를 들어 이런 식으로 말하는 것입니다.

"감사합니다. 참, 그런데…… 어쩌죠. 약속이 있다는 걸 깜빡 잊고 있었어요. 죄송합니다. 다음번에 불러주시면 그때는 다 제쳐놓고 꼭 참석할게요."

이 정도면 완벽한 수준입니다. 이런 식으로 거절하면 분위기를 해치거나 상사의 체면이 구겨질 염려도 없을 것입니다.

그런데 벌써 몇 번이나 거절을 한 뒤라서 직장에서의 인간관계가 신경 쓰인다면? 그렇다면 다음과 같은 말을 준비

해두세요.

"시간이 한 시간밖에 없는데 괜찮을까요?"

불러준 것에 대해 기뻐한다는 느낌을 자연스럽게 나타낼 수 있는 데다가, 적당히 빠져나올 수 있는 틈도 마련됩니다. 만일 상사가 "그럼 할 수 없지"라고 하면, 결과적으로는 참석하지 않은 것이지만 상사의 기분을 해치지 않고 넘어가게 된 것입니다. 게다가 참석했다 하더라도 한 시간이라는 한정된 참석이기 때문에 중간에 나가겠다는 말을 하기도 편할 것입니다. 얼마나 재기 넘치는 습관인가요?

♣ 삶을 이기는 멘토

1. 직장 회식에 꼬박꼬박 참석하나요?
2. 회식 자리에서 동료들과 잘 어울리나요?
3. 회식에 참석하고 싶지 않은 날, 당신은 지혜롭게 빠져나오나요?

힘차게 뛰는 심장처럼 일하라

남자의 농담 능숙하게 받아넘기기
너무 적극적으로 장단을 맞추다 보면
자신의 이미지만 추락됩니다.

남성들과의 술좌석에서는 종종 야한 농담이 오갑니다. 요즈음에는 남성들 틈에 섞여 그런 얘기를 같이 즐기는 여성들도 많아졌습니다.

간혹 분위기를 어색하지 않게 만들려고 여성이 너무 적극적으로 장단을 맞추는 경우가 있습니다. 하지만 그러다 보면 자신의 이미지만 추락시킬 뿐입니다.

남성들은 겉으로야 함께 웃고 떠들며 즐기는 척하겠지요. 하지만 속마음으로는 당신과 절대 사귀지 않겠다고 다짐하고 있을 것입니다.

가장 좋은 방법은 싫은 내색도 즐기는 내색도 하지 않는 것입니다. 이를테면 옆 사람들이 하는 이야기가 안 들리는 척, 먹기만 하는 건 어떤가요? 이런 이야기 거북하냐고 물으면, 재치있게 넘어가세요.

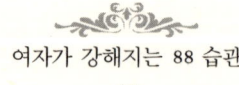

"거북하긴요. 바빠서 점심도 제대로 못 먹었더니 배가 고파서 먹을 것밖에 안 보이네요."

함께 앉아 야한 농담에 맞장구치는 여성보다 훨씬 매력적으로 보일 거예요. 그런 여성은 이미 사회에서 남성보다 강해지는 습관을 갖춘 것입니다.

♣ 삶을 이기는 멘토
1. 남성들과의 술자리에선 으레 야한 농담들이 오갑니다. 당신은 그들에게 무어라 대꾸하나요?
2. 남성들은 야한 농담에 적극적으로 장단을 맞추는 여성을 어떻게 생각할까요?

힘차게 뛰는 심장처럼 일하라

피곤한 모습보다 차라리 웃음을 보여라

피곤하다 말하면 더 피곤해집니다.
즐겁게 일하는 것처럼 보이는 편이 훨씬 낫습니다.

감기가 심하게 들었는데도 무리하게 출근해서 아주 괴로운 표정으로 일하는 사람이 있습니다. 다가가서 괜찮으냐고 물어보면, 기다렸다는 듯이 이렇게 대답하죠.

"괜찮을 리가 있나. 열이 38도까지 올라갔는데. 앞이 몽롱해서 일할 정신이 아니야. 차마 쉬겠다는 말이 안 나와서 출근했어."

아픈 몸을 이끌고 회사에 출근한 건 정말 높이 살만합니다. 그러나 주위 사람들이 온종일 찡그리고 있는 그를 훌륭하다고 생각할까요? 아마 뒤에서 이렇게 수군거릴지도 모릅니다.

"꽉 막힌 사람하고는. 그렇게 아프면 집에서 쉬면 될 걸. 어차피 일을 못하는 건 마찬가지 아니야. 감기라도 옮기려고 출근한 건가."

몸이 아프면 쉬는 것이 자신을 위해서나 주위 사람들을 위해서나 최선의 방법입니다. 물론 정말 쉴 수 없을 때도 있겠죠. 그럴 때는 앓는 소리를 하며 다른 사람에게 내색하지 마세요.

감기가 심하면 기침이 나오고, 콧물이 흐르고, 열이 올

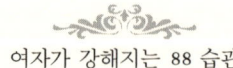

라 얼굴이 빨갛게 달아오를 것입니다. 모두 당신이 감기에 걸렸다는 것을 알겠지요. 그럴 때, 당신이 내색하지 않고 평소처럼 열심히 일한다면, 당신의 평점은 더욱 상승할 것입니다. 감기를 감추려는 노력도 없이, 일에 악영향만 미칠 때와는 경우가 완전히 달라지죠.

피곤하다 말하면 더 피곤해집니다. 큰일이다 말하면 정말 큰일이라고 생각되죠. 말을 한다고 피곤함이 사라지는 것도, 큰일이 가벼워지는 것도 아닙니다. 그러니 즐겁게 일하는 것처럼 보이는 편이 훨씬 낫습니다.

주위 사람들이 걱정을 해도 이 정도는 괜찮다며 웃을 수 있는 여유를 가지세요. 그 여유가 쌓이면 바로 승자의 미소가 될 것입니다.

♣ 삶을 이기는 멘토
1. 당신은 몸이 몹시 아파도 회사에 출근하나요?
2. 감기에 흠씬 걸려도, 별 내색 안 하고 일을 열심히 할 수 있나요?

힘차게 뛰는 심장처럼 일하라

평일에 쉰다

**사회에 첫발을 내딛던 때를 떠올려보세요.
직장이 당신의 인생을 좌지우지하도록 내버려두지 마세요.**

혹시 당신은 미래가 두렵고 자신감이 없나요? 삶이 무료하고 재미없나요? 그렇다면 하루쯤은 평일에 쉬어보세요.

당신은 매일 아침마다 만원 전철을 타고 출근하느라 많이 힘들었습니다. 오늘은 그 시각에 다른 일을 해봅시다. 소파에 느긋하게 앉아서 커피를 마시는 건 어떨까요?

'아아, 지금쯤 다들 회사에 출근해서 일하고 있겠구나.'

이렇게 기분을 구름 위에 올려놓는 것입니다.

그 뒤에, 하고 싶은 일을 합니다. 그동안 계속 미뤄왔던 장을 보는 것도 좋겠죠. 아니면 한적한 공원이나 미술관에 가서 사색의 시간을 누리는 것도 좋습니다. 당신이 원하는 대로 하세요.

'내 삶은 내가 원하는 대로 쓸 수 있는 거였구나.'

오랫동안 잊어 왔던 이 사실을 깨닫는 순간 당신의 마음은 환히 열리며 삶에 대한 의욕이 솟을 것입니다.

우리는 살아가면서 많은 스트레스를 받습니다. 스트레스의 가장 큰 원인은 직장 안에서의 인간관계나 과중한 업무입니다. 즉, 회사가 주된 원인이지요.

당신이 사회에 첫발을 내딛던 때를 떠올려보세요. 당신

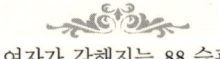
여자가 강해지는 88 습관

은 행복하고 멋진 인생을 설계하며 직장에 다니기 시작했을 것입니다. 그런데 어느새 상황이 틀어져버렸죠. 직장에서 오히려 스트레스만 받으니까요.

그럼 직장을 그만두면 될까요? 아니, 그럴 순 없을 것입니다. 많은 사람들이 직장 때문에 스트레스를 받지만, 직장을 자신의 삶에서 떼어낼 수는 없다고 믿습니다. 직장이 삶의 전부라고까지 생각하지요. 하지만 그것은 착각입니다. 당신의 인생은 직장과는 별개의 문제입니다.

당신은 이 당연한 사실을 잊은 채 살고 있지 않나요?

가끔은 평일에 한번 쉬어보세요. 직장이 당신의 인생을 좌지우지하도록 내버려두지 마세요. 마음만 먹으면, 인생은 얼마든지 행복하게 만들 수 있습니다.

평일에 쉬는 것은 용기가 필요한 일입니다. 처음에는 말을 꺼내기 어려울지도 모르지요. 하지만 월차나 연차 제도가 있는 회사라면 주저할 필요 없습니다. 그것은 당신의 권리입니다.

용기를 내어 휴가신청서를 제출하세요. 당신 혼자만의 성성한 시간을 체험하기 위해!

♣ 삶을 이기는 멘토

1. 하루쯤 직장에 휴가를 내고 집에서 쉬어본 적이 있나요?
2. 그렇게 해보지 못했다면, 이제 용기를 내서 휴가신청서를 제출하세요.

힘차게 뛰는 심장처럼 일하라

사내연애는 냉철한 절도가 있어야

연애는 자유입니다.
그러나 직장 내에서의 연애엔 특별한 절도가 요구됩니다.

요즘은 사내커플을 심심찮게 볼 수 있습니다. 젊은 남녀가 매일같이 얼굴을 마주하며 함께하다 보면 남모르게 동료 이상의 마음이 싹틀 수 있지요. 하지만 사내연애가 조심스러운데는 다 이유가 있습니다. 연애에 빠져서 조금이라도 업무에 지장을 주는 일이 있어선 절대 안 되죠.

우선 사내연애를 다른 동료들에게 알려야 할지, 아니면 비밀로 할지는 회사나 부서의 분위기에 따라 다릅니다. 그래도 무엇보다 당사자들의 생각이 중요하죠.

하지만 개중에는 남들을 속이면서 만날 필요가 있나 생각하여 거리낌없이 공개했다가, 오히려 둘의 관계가 멀어진 경우도 있음을 참고하세요.

사람들에게 공개된 사이라면 사소한 일에도 더욱 신중해야 합니다. 함께 출근하거나 전날과 같은 옷을 입고 출근하는 경솔한 행동은 사람들의 입방아에 오르기 쉽겠죠.

직장에서는 타인과 다름없는 태도로 대하는 게 현명할 것입니다. 공공연하게 친근한 태도를 보이거나 서로를 애칭으로 부르는 것은 좋지 않습니다. 또한 점심시간이나 휴식시간 중이라도 단둘이 친밀한 시간을 보내는 것은 피해

야 합니다.

  누구와 연애를 하든 그건 개인의 자유지만, 직장 내에서의 연애라면 냉철한 절도가 필요한 것입니다.

♣ 삶을 이기는 멘토
1. 직장에 마음에 드는 남자사원이 있나요?
2. 당신은 그 사원과의 연애를 꿈꾸어 본 적이 있나요?
3. 사내연애에 대해서 당신은 긍정적인가요, 부정적인가요?

힘차게 뛰는 심장처럼 일하라

강해지는 지혜를 담은
아름다운 에세이

시골 우체국장의 연설

존 워너메이커가 체신부장관에 취임했을 때 일입니다. 우편행정제도를 개선하기 위해 전국 수백 명의 우체국장을 워싱턴으로 불러 회의를 열었습니다.

회의에 드는 모든 비용은 미국에서도 큰 부자인 워너메이커 체신부장관 자신이 내기로 했으며, 회의 뒤에는 만찬이 준비되어 있었습니다.

연단에는 대통령, 국무장관, 대법원장 등 정부의 높은 사람들이 특별 초대 손님으로 나와 있었는데, 그 가운데 특히 사람들의 관심을 끄는 이는 케이트 필드라는 여자였습니다.

케이트 필드는 신문기자로서, 연사로서, 여배우로서 대중들의 인기를 한몸에 받고 있는 스타였습니다. 회의는 순조롭게 진행되어 마지막 연사의 연설이 끝나자, 청중석이 소란스러워지더니 여기저기서 "케이트 필드!" 하고 외쳐대는 소리가 터져 나왔습니다. 청중이 그녀에게 연설을 청한 것입니다.

케이트 필드는 이 회의에 초대받았을 때, 한 가지 부탁한 것이 있었습니다. 자신은 우편 업무에 대해 아는 바가 없으니 그 일에 대해서는 말하지 않겠으며, 연설도 하지 않겠다는 것이었습니다. 이 조건으로 초청에 응했던 만큼 아무 준비도 없었으므로 그녀는 몹시 당황했습니다.

"케이트 필드! 케이트 필드!"

외치는 소리가 자꾸만 높아지자 체신부장관 워너메이커는 케이트 필드에게 몇 마디 해 줄 것을 요청했습니다. 그런데 그 순간 깜짝 놀랄 일이 일어났습니다.

청중이 갑자기 물을 끼얹은 듯 조용해졌습니다. 자그마한 몸집의 평범한 시골 부인이 자리에서 일어나 서 있었기 때문입니다. 그녀는 유행이 지난 오래된 모자를 쓰고 다 낡아빠진 검은색 숄을 어깨에 두르고 있었습니다. 청중의 호기심에 찬 눈길이 모두 그녀에게 집중되었습니다.

여배우 케이트 필드는 이 모습을 본 순간 문득 생각나는 게 있어 재빨리 팸플릿을 펼쳐 보았습니다. 그녀의 생각은 정확하게 맞았습니다. 참석자 명단에는 '케이트 필드—켄터키 주 컴벌랜드 코너스 제4급 우체국장'이라는 이름이 있었습니다.

청중 가운데 서 있는 저 부인이 바로 여배우 케이트 필드와 이름이 같은 시골 우체국장이었습니다. 시골 우체국장은 사람들이 "케이트 필드!" 하고 소리치자 자기를 부르는 줄 알고 일어난 것입니다. 아무것도 모르는 그 부인에게 사람들은 앉으라고 놀리며 웃어댈 게 분명했습니다.

여배우 케이트 필드는 재빨리 일어나 그 부인에게 "케이트 필드!" 하고 외치며 박수를 쳤습니다. 사람들도 따라서 박수를 쳤습니다.

힘차게 뛰는 심장처럼 일하라

시골 부인은 떨리는 목소리를 가다듬으며 말을 꺼냈습니다.

"여러분, 저는 켄터키 주의 조그만 시골 우체국장입니다. 왜 저에게 연설을 하라고 하시는지 잘 모르겠습니다. 제가 이 회의에 초대되었을 때만 해도 저는 회의에 참석할 수 있을지 의문이었습니다. 만일 제가 회의에 참석하게 되면 우체국 일은 누가 보며, 또 닭들은 누가 돌봐야 할지 걱정되었으니까요. 그러나 지금 저는 이 회의에 참석하기를 아주 잘했다고 생각합니다. 지난 사흘 동안 우편 업무에 대해 듣고 배우고 느낀 바가 많았습니다.

저는 저희 동네처럼 조그만 시골 우체국에서 일어나는 일에 대해 이야기하겠습니다.

여러분은 우체국에서 남의 편지를 뜯어 본다는 것은 있을 수 없는 일이라고 생각하실 것입니다. 하지만 저희 시골 마을에서는 종종 그런 일이 있습니다. 저희 마을은 산골이라 사람들이 우체국이 있는 읍내로 한 달에 한 번 정도밖에 나오지 못하고, 또 그들에게 오는 편지란 대개 나쁜 소식밖에 없습니다. 누가 죽었다든지 하는 소식 말입니다. 저는 편지를 얼른 읽어 보고 노새를 가진 사람에게 빨리 편지를 전해 주도록 부탁합니다.

한번은 이런 일이 있었습니다. 우리 마을 과부 호버의 아들 제이크가 집을 나갔습니다. 그 뒤 아무 소식이 없다가 하루는 편지가 왔습니다. 호버 부인은 글을 읽을 줄 몰랐는데, 자존심이 강한 부인이라 편지를 내밀며 이렇게 말하더군요.

'이것 좀 읽어 주시면 고맙겠어요. 요즘 눈이 좀 어두워져서…….'

편지 내용은 이랬습니다.

'사랑하는 어머니. 저는 지금 살기 좋은 북부지방에 있습니다. 저는 잘 있습니다. 어머니도 잘 계시기를 바랍니다. 그런데 어머니, 꼭 필요한 데가 있어서 그러니 돈을 좀 부쳐 주셨으면 좋겠습니다. 제이크 올림'

저는 이 편지를 읽다가 끝부분을 살짝 고쳤어요.

'어머니께 돈을 좀 부쳐 드릴 수 있으리라 생각해요. 어머니께선 돈이 필요하실 테니까요.'

여러분은 제가 남의 편지를 함부로 고쳤다고 비난하실지도 모릅니다. 하지만 그때 그 과부의 얼굴을 보셨다면 틀림없이 제가 잘했다고 하셨을 겁니다. 호버 부인은 신이 나서 '제이크는 참 착한 아이예요. 나는 전부터 그걸 알고 있었어요.'라고 외쳐 댔지요. 저는 곧 그 망나니 녀석에게 편지를 썼어요. '하루 빨리 일자리를 얻어서 돈을 벌어 어머니께 보내지 않으면 내가 가만 안 둘 테다.' 그러고 나서 정말 얼마 안 되어 그 애는 제 어머니께 돈을 부쳐 왔답니다. 어머나, 제가 이야기를 너무 길게 했군요."

시골 우체국장 케이트 필드 부인은 부끄러운 듯 고개를 숙였습니다.

사람들은 케이트 필드 부인에게 우레 같은 박수를 보냈습니다. 부인의 소박한 연설은 사람들 가슴 속에 흐뭇한 감동을 주어, 모두 일어나 오래도록 박수를 쳤습니다.

만찬회가 끝난 뒤 워너메이커 체신부장관은 신문기자들

힘차게 뛰는 심장처럼 일하라

을 불러 당부했습니다.

"여러분은 오늘 매우 감동적인 이야기를 들으셨을 줄 압니다. 하지만 이 일은 기사화하지 말아 주십시오. 우리가 연설을 청했던 사람이 그 부인이 아니었다는 사실을 알면 무척 실망할 것입니다. 우리는 그분에게 상처주는 일은 하지 말아야겠습니다."

그 일이 있고 나서 몇 년이 지난 뒤의 일입니다.

어느 날 컴벌랜드 코너스 우체국 문이 그날 따라 굳게 닫혀 있었습니다. 마을 사람들이 이상하게 여겨 우체국장 집으로 가 보니 케이트 필드 우체국장은 영원히 이 세상을 떠나 있었습니다.

그녀의 베갯머리에는 워싱턴에서 발행되는 신문에서 오려낸 기사 조각이 누렇게 변색된 채 놓여 있었는데, 거기에 이렇게 씌어 있었습니다.

'마지막 연설은 그날 회의에서 가장 감동적이었다. 이것은 기대하지도 않았던 연설이었으며 또 준비되었던 연설도 아니었다. 연설이 끝났을 때 울려 퍼진 갈채와 환호 소리를, 그녀는 이 세상을 떠나는 순간까지 잊을 수 없을 것이다.'

그 신문 기사 밑에 케이트 필드 자신의 떨리는 글씨로 이렇게 씌어 있었습니다.

'정말로 그렇다오.'

카필드

3

여자가 이기는 88 습관
인간관계의 짐에서 벗어나라

당신은 원만하지 못한 인간관계로 고민하고 있습니까?
여기 당신의 모든 인간관계 문제를 해결할
좋은 방법의 열쇠가 있습니다.
어서 이 책을 열고 들어오십시오.

친구가 도움을 청해오면 도와줄 수 없는 경우라도 대놓고 거절하지 말라. 도움을 청해놓고 나중에 그 도움이 필요 없게 될 수도 있다. 그러니 완곡하게 돌려서 거절하거나 가능한 한 확실한 약속은 피하면서도 상대를 격려하는 우회적인 말을 해주는 선에서 그치도록 하라. 교묘한 대답은 상대에게 만족감이나 위안을 줄 수 있지만, 대놓고 거절하면 이유나 결과에 상관없이 미움을 사게 될 것이다.

유쾌하고 화기애애한 분위기에서 다른 사람들과 대화하거나 토론하는 것을 말릴 생각은 없다. 그러나 불가피한 경우가 아니라면 자신의 사적인 문제에 관해서는 이야기를 꺼내지 않는 것이 현명하다. 설령 하게 된다 해도 필요 이상 많이 하지는 말라. 필요 이상으로 떠벌리면 당장은 재미있을지 몰라도 결과적으로 이득보다 손실이 많게 된다.

스마일의 30%, 50%, 80%

누군가와 처음 만났을 때 살짝 짓는
30%짜리 미소는 가장 지적인 스마일입니다.

스마일에는 30%짜리, 50%짜리, 80%짜리가 있습니다. 누군가와 처음 만났을 때는 웃음을 30%만 피워 올리세요. 입 가장자리를 올려 윗니만 보이며 웃는 것입니다. 30%짜리 미소는 가장 지적인 스마일입니다.

이야기를 해 나가는 동안에는 살구꽃 같은 50%짜리 웃음으로 바꾸세요.

그리고 헤어질 때는 얼굴 가득 환하게 80%짜리 웃음을 피우는 것입니다.

처음부터 느닷없이 80%짜리 스마일을 지으면, 거북해질 수가 있습니다.

은근한 미소, 살짝 짓는 웃음, 활짝 핀 함박웃음의 순서로 스마일의 꽃을 피우세요.

습관을 들이면, 뜻밖에도 모든 원만한 인간관계를 여는 열쇠가 될 것입니다.

♣ 삶을 이기는 멘토
1. 누군가를 처음 만났을 때, 몇 퍼센트 웃음을 짓나요?
2. 당신만의 독특하고 아름다운 스마일을 생각해 보세요.

인간관계의 짐에서 벗어나라

긍정적인 사람은 긍정적인 사람끼리

긍정적인 사람은 긍정적인 사람들과 마주앉아
살아가는 기쁨을 이야기합니다.

유유상종(類類相從)이라는 말이 있습니다. 끼리끼리 모인다는 뜻이지요. 학은 학끼리, 까마귀는 까마귀끼리 무리를 짓습니다. 다이아몬드는 다이아몬드 산에서 나고, 진주는 바다에서 땁니다.

인간관계도 이와 같습니다. 그 구분이 더 뚜렷하지요. 긍정적인 사람은 긍정적인 사람끼리, 부정적인 사람은 부정적인 사람끼리 어울립니다.

긍정적인 사람은 긍정적인 사람들과 마주앉아 사랑과 조화 속에서 성공과 번영을 그리며, 살아가는 기쁨을 이야기합니다. 부정적인 사람은 부정적인 사람들과 둘러앉아 누군가를 끊임없이 비난하며 푸념을 주고받고, 마음속 불만을 토로합니다. 그래서 긍정적인 사람들 속에는 부정적인 사람이 낄 수 없고, 부정적인 사람도 긍정적인 사람들 사이에는 속할 수 없는 것입니다.

혹시 당신은 이렇게 생각할지도 모릅니다.

'긍정적인 사람이야 어느 부류에 들어가도, 잘 어울릴 수 있잖아.'

하지만 사실은 그렇지 않습니다. 긍정적인 사람이 부정

적인 사람들 속에 있으면, 그 편협한 사고와 답답한 공기가 너무 불쾌해서 그들을 차츰 멀리하게 됩니다. 결국엔 그 속에는 있고 싶지 않고, 있을 수도 없게 되지요.

또한 부정적인 사람은 긍정적인 사람들과 함께 있으면, 그들의 마음이나 사고방식이 너무 건전하여 금세 불편함을 느낍니다.

이렇듯 어떤 경우라도 마음의 에너지의 빛깔이 다르면, 함께 있을 수 없는 것입니다. 결과적으로 동질의 사람들이 서로 동조하고 무리를 짓는 것이 세상입니다.

만일 당신이 무언가를 꿈꾸고 소망하며 확신하고 계획하고 있다면, 성공한 자신의 모습을 마음속에 그리며, 가슴을 설레게 하는 긍정적인 에너지로 자신을 채워나가세요. 그런 당신 곁에는 같은 꿈을 꾸며 힘차게 응원해줄 열정의 사람들이 모여들 것입니다.

♣ 삶을 이기는 멘토
1. 당신은 긍정적인 사람인가요, 부정적인 사람인가요?
2. 당신도 긍정적인 사람들과 함께 이야기를 나누면, 마음속에서 기쁨이 솟구치나요?

인간관계의 짐에서 벗어나라

불편한 사람일수록 웃음을 선사하자

인간관계는 '거울의 법칙'이 작용하기 때문에
당신이 웃는 얼굴을 계속 선사하면,
마침내 상대도 마음을 열어줍니다.

미국의 생리학자 윌리엄 프레이 박사의 조사에 따르면 여성이 눈물을 흘리는 이유의 1위는 '인간관계'였다고 합니다. 반면에 남성의 경우에는 '영화나 드라마를 보고 감동했을 때'라고 하니 참 재미있습니다.

확실히 인간관계로 괴로워하는 여성은 많습니다.

이는 내가 실제로 느끼는 일이기도 합니다. 나는 많은 여성에게서 상담의뢰를 받습니다. 그런데 그 내용의 대부분이 인간관계라고 해도 과언이 아닙니다.

인간관계가 원만하지 않은 사람은 틀림없이 몇몇 '불편한 사람'에게 둘러싸여 있습니다.

불편한 사람 정도면 괜찮은데 정말로 싫은 사람, 생리적으로 도저히 받아들일 수 없는 사람과 부대껴야 하는 일도 적지 않으리라 봅니다.

그런데 사회인이라면 이런 사람들과도 그 나름의 교제를 해 나가야 합니다. 그렇기 때문에 스트레스로 괴로워하는 것이지요.

그럼 여기서 인간관계를 원만히 이끌어 나가기 위한 한

가지 방법을 소개할까 합니다.

　그것은 '불편한 사람일수록 웃는 얼굴을 선사하라'는 간단한 습관입니다.

　웃는 얼굴과 함께 가벼운 인사말을 덧붙이면 금상첨화입니다. "안녕하세요!"라는 한 마디라도 상관없습니다.

　인간관계에는 '거울의 법칙'이 작용하기 때문에 당신이 웃는 얼굴을 계속 선사하면, 마침내 상대도 마음을 열어줍니다.

　필요한 것은 오직 이 한 가지입니다. 억지로 사이가 좋아질 필요는 없습니다. 또 적극적으로 이야기를 건넬 필요도 없습니다. 그저 약간의 웃는 얼굴과 인사를 보내는 것만으로도, 그 사람과의 관계에 흐르던 불편한 공기는 누그러지기 시작합니다. 웃는 얼굴이야말로 원만하지 못한 인간관계를 해결하는 기본 습관입니다.

♣ 삶을 이기는 멘토

1. 당신은 마음에 들지 않는 직장동료를 어떻게 대하나요?
2. 마음의 문을 먼저 열면, 불편한 사이의 사람도 덩달아 마음의 문을 열 것입니다.

인간관계의 짐에서 벗어나라

싫은 사람에게 다가가기
싫은 사람과 잘 지내려 애쓰면, 당신 삶의 주가가 오릅니다.

좋아하는 사람과 함께 있으면, 마음이 밝아지고 생활 속에 기쁨이 깃듭니다. 대부분의 생각들이 모두 긍정적으로 흐릅니다. 가만히 있어도 저절로 입가에 미소가 지어집니다. 하지만 싫어하는 사람이 옆에 있으면, 괜스레 마음 한 켠이 답답하고 짜증이 나고 불쾌한 느낌이 가시질 않습니다.

그래서 누구나 좋아하는 사람들 틈새에서 살기를 원합니다. 그러나 그게 그렇게 쉬운 일이 아님을 우리 모두가 잘 알고 있습니다. 긴 인생을 살아가면서 어떻게 언제나 맘에 드는 사람만을 상대할 수 있을까요?

그런데 싫어하는 사람과 잘 지내서 생기는 이점도 있습니다.

첫째, 인간관계의 폭이 넓어집니다. 좋아하는 사람 싫어하는 사람 가리다보면, 어쩔 수 없이 인간관계의 폭이 좁아집니다. 반면에 누구나 가리지 않고 사귄다면, 당연히 아는 사람이 늘게 되지요.

둘째, 만나고 싶은 사람을 그때그때 필요에 따라 선택할 수 있습니다. 사람을 가리지 않고 사귀면, 다양한 친구들을 때와 장소에 알맞게 그때그때 만날 수 있지요. 고민거리를 털어놓고 싶을 때, 외로울 때, 진지하게 대화를 나누고 싶을 때 등등, 상황과 기분에 따라 가장 적합한 상대를 선택할 수 있습니다.

  축구감독을 떠올려보세요. 그는 선수들을 속속들이 잘 알고 있습니다. 그래서 그들의 특성을 고려해 포지션을 지시할 수 있는 것입니다. 당신도 축구감독처럼, 친구들의 성향을 파악해서, 다채로운 우정을 살려보세요.

  셋째, 싫은 사람을 자신을 성찰하는 거울로 삼을 수 있습니다. 싫은 사람의 결점을 보게 되면, 어떤 행동이 타인에게 불쾌감을 주는지 확실히 알게 됩니다. 언행이 조심스러워지고, 겸손함을 잃지 않게 되죠.

  넷째, 박식해집니다. 많은 사람들과 사귀면, 온갖 가치관을 접하게 됩니다. 따라서 사고방식이 유연해집니다. 또 그들은 저마다 관심분야가 다릅니다. 그래서 그들의 이야기를 듣다 보면, 폭넓은 지식을 얻을 수 있습니다. 마침내 다양한 시점으로 사물을 관찰하는 힘이 길러지죠. 게다가 화제도 풍부해집니다. 그들을 통해, 새로운 일에 도전해볼 기회를 얻을 가능성도 높습니다.

  다섯째, 당신의 주가가 오릅니다. 특히 많은 사람들에게 미움 받는 사람과 잘 지낼수록 주가가 급상승합니다.

  '대단하다. 누구와도 친하다니, 저 사람 그릇이 참 크다니까.'

  주위 사람들은 이렇게 생각하며, 존경의 시선으로 당신을 바라볼 것입니다.

인간관계의 짐에서 벗어나라

여섯째, 자신감이 생깁니다. 싫은 사람과 친하게 지내기란 쉬운 일이 아닙니다. 그런 어려운 일을 해내는 자신을 자랑스럽게 여기게 될 것입니다.

혹시 주위에 싫어하는 사람이 있나요? 이젠 생각을 바꾸고, 그에게 다가가세요. 이렇게 많은 이점이 있으니 포기하기엔 너무 아깝습니다. 한번 사귀어보세요.

단, 정말로 싫은 사람과 억지로 사귀지는 마세요. 자신의 감정을 속이면서까지 사귈 필요는 없습니다. 그의 비위를 맞추려고 무리하거나, 그에게 휘둘려서는 안 됩니다. 이 사람과는 도저히 못 사귀겠다 싶으면, 바로 물러나세요. 싫은 사람에게도 스스럼없이 다가가되, 절대 아니다 싶으면 언제나 당당하게 'NO'라고 말하세요. 이것이 생활 속에서 악감정에 강해지는 습관입니다.

♣ 삶을 이기는 멘토
1. 싫은 사람에게 다가가는 최선의 방법은 무엇일까요?
2. 싫은 사람과 잘 지내서 생기는 이점은 무엇일까요?

여자가 강해지는 88 습관

용서한 뒤의 고요한 마음

용서한다는 것은 너그러운 시선으로 상대를 봐주는 것입니다.
그렇다고 미워하는 마음을 무작정 참는 것은 아닙니다.

당신은 용서에 대해 진지하게 생각해본 적 있나요?
지금 당신의 마음속에 절대 용서할 수 없는 그 누군가가 존재하나요?
그를 생각하면 마음 깊숙한 저편에서 분노가 파도치고, 가슴이 울렁입니다. 그리고 이내 극심한 괴로움이 찾아옵니다. 맞아요, 정말 괴롭습니다.
여하튼 당신은 둘 중 하나를 선택해야 합니다.
'용서한다 혹은 용서하지 않는다.'
지난날 자신을 괴롭혔던 일을 떠올리며, 그 사람을 결코 용서할 수 없다고 생각할 수도 있습니다. 그러나 그것은 괴롭던 과거의 일에 여전히 얽매여 지내겠다는 다짐과 같습니다.
가슴 속에 결코 사자를 키우지 마세요. 당신의 기억 속에 살아 숨 쉬며, 당신을 한없이 할퀴고 으르렁거릴 분노를 키우지 마세요. 과거 때문에 현재의 편안함을 포기할 건가요?
한편 용서를 선택한다면, 그 선택은 우리의 몸과 마음을 과거의 속박에서 해방시켜 줄 것입니다. 정신적 자유를 누

인간관계의 짐에서 벗어나라

림으로써 우리는 한결 여유로울 수 있는 것입니다.

　용서한다는 것은 너그러운 시선으로 상대를 봐주는 것입니다. 그렇다고 미워하는 마음을 무작정 참는 것도 아닙니다.

　용서한다는 것은, 당신의 내부에서 괴롭게 포효하며 할퀴는 한 마리 사자를 우리 밖으로 내보내고, 지금 이 순간의 편안함을 선택하는 것입니다.

　당신은 혹시 누군가를 지금 마음속에서 굉장히 비난하고 있지는 않나요? 그렇다면 그 비난을 삭제하십시오. 당신의 행복한 인생을 위하여, 그 사람을 용서하세요.

　용서하는 것이 습관이 되게 하세요. 용서는 다른 누구도 아닌, 바로 당신 자신을 위한 일입니다.

♣ 삶을 이기는 멘토
1. 지금 당신의 가슴 속에 결코 용서할 수 없는 그 누군가가 있나요?
2. 지금 당신의 마음은 가시밭길입니다.
　그를 용서하기 위해서 노력을 기울여 보세요.

충고한 뒤에도 노력하는 모습

실패로 인해 잃어버린 자신감은
다른 성공체험을 통해 되찾을 수 있습니다.

아무리 신경 써서 충고해도, 충고를 듣는 사람은 아픔을 느낄 수밖에 없습니다.

'그가 어찌 되든 상관없어.'

한껏 충고를 해놓고 이렇게 생각해버리는 것은 너무 무책임한 일입니다. 충고한 뒤에도 노력해야 합니다. 이것이 더 중요합니다. 방심은 금물입니다. 그렇다면 어떻게 노력해야 할까요?

첫째, 과거에 구애되지 말아야 합니다.

언제까지나 그의 실수를 마음속에 담고 있으면, 그 사람과의 관계가 서먹해집니다. 어려울지도 모르겠지만, 그런 앙금은 되도록 빨리 없애세요.

둘째, 상대의 아픔을 달래세요.

아무리 신경 써서 충고해도, 상대는 상처받습니다. 그러므로 충고한 뒤에는, 기회를 봐서 자연스럽게 격려하세요. 그런 배려와 노력이 필요합니다.

셋째, 효과를 지켜봅니다.

상대가 당신의 충고를 무시해 버릴 수도 있습니다. 충고한 뒤 내버려두면 이런 상황이 벌어지기 쉽습니다. 결국

인간관계의 짐에서 벗어나라

'무책임한 충고'가 되어버리지요.

하지만 너무 집요하게 굴진 마세요. 여유를 갖고 인간의 가능성을 믿으면서, 그 사람을 따뜻하게 지켜보세요.

넷째, 궁리해서 반복합니다.

충고를 했는데도 상대가 변하지 않는다면, 타이밍을 맞춰서 다시 충고해줘야 합니다.

일단 충고한 이상 책임을 져야지요. 온갖 장애를 극복해서라도, 그가 태도를 고치도록 유도하세요.

다섯째, 새롭게 도전할 기회를 주세요.

인간은 성공의 체험을 통해 자신감을 얻습니다. 실패로 인해 잃어버린 자신감은, 다른 성공체험을 통해 되찾을 수 있습니다. 그 사람이 잘하는 일이나 좋아하는 일을 할 수 있도록 도와주세요. 그가 우울한 기분을 해소하고, 자신감을 되찾도록 돕는 것입니다.

충고한 뒤에도 노력하는 다섯 가지 모습은 당신을 아름답게 성장시킵니다.

♣ 삶을 이기는 멘토

1. 친구의 허물을 충고하고 나면, 마음이 어떤가요?
2. 당신의 친구는 당신의 충고를 어떻게 받아들이나요?

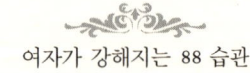
여자가 강해지는 88 습관

지혜롭게 칭찬하는 법
따뜻한 말로 칭찬하세요.
서투른 칭찬이라도 진심을 담아 칭찬하세요.

늘 똑같은 칭찬만 하면 진솔함이 반감됩니다. 그는 '또 그 소리야?'라고 생각하겠지요. 기계적으로 하는 칭찬을 받아봤자 감동이 느껴지지 않기 때문입니다.

이러한 칭찬은 형식적인 인사나 마찬가지입니다. 결혼식 축사를 떠올려보세요. 분명히 좋은 말인데도, 뭔가 부족한 느낌이 들지 않나요? 그것은 축사의 형식적인 면 때문입니다. 말하기의 맛을 좌우하는 것은 독창성입니다. 따라서 칭찬할 때도, 당신만이 할 수 있는 독특한 칭찬을 해야 합니다.

본인도 미처 몰랐던 장점을 칭찬하세요. 또는 상대를 잘 알아야지만 할 수 있는 칭찬을 하세요. 당신이 건넨 말 한마디가 그에게 큰 기쁨이 될 것입니다. 상대가 남몰래 자신감을 갖고 있는 요소, 독특한 취미 등을 자연스럽게 칭찬하세요. 싱싱한 칭찬을 하는 것입니다.

또 따뜻한 말로 칭찬하세요.

말에는 생명이 있습니다. 특히 진심에서 우러나온 말일수록 생명력이 강합니다. 따라서 상대에게 강한 영향을 주

인간관계의 짐에서 벗어나라

죠. 반면 건성으로 한 말에는 힘이 없습니다. 건성으로 칭찬하면 형식적인 칭찬이 되어버립니다. 서투른 칭찬이라도 진심을 담아 칭찬하세요. 당신의 진심은 상대에게 고스란히 전해질 겁니다.

신기하게도, 인간에게는 동물적 후각으로 '진실'과 '거짓'을 선별하는 능력이 있습니다. 즉, 진실은 반드시 전해지게 되어 있다는 뜻입니다. 이야기란 언어로만 이루어진 것이 아닙니다. 이야기의 구성 요소는 여러 가지입니다. 입으로만 멋들어진 말을 해봤자 다른 요소에 결함이 있다면 상대에게 전해지지 않습니다. 이는 외형적으로는 아름답지만 생명력이 느껴지지 않는 마른 꽃과도 같습니다.

이것을 기억하세요. 섬세한 감성과 배려는 여성에게서 꽃피웁니다.

그 따스한 마음으로, 형식에 얽매이지 않은 진심어린 칭찬을 하세요. 생기있고 자연스러운 습관이 될 것입니다.

♣ 삶을 이기는 멘토
1. 당신은 친구를 칭찬하는 것에 익숙한가요?
2. 왜 당신의 칭찬은 진솔하게 들리지 않는 것일까요?

품격 있게 헤어지기

마침표를 찍지도 않았는데 어느새 멀어져 있는 것이
품격 있는 이별의 모습입니다.

충고와 비판을 해주는 친구가 진짜 친구라는 말이 있습니다. 단순히 알고 지내는 사이라면 문제가 생길 말은 아예 하지 않지만 진짜 친구라면 쓴 소리도 해준다는 뜻입니다.

하지만 현실은 그렇지 못합니다. 진정한 친구라는 생각에 충고를 했다가 우정에 금이 가는 경우도 종종 있으니까요. 특히 여성들은 한번 친해지면 늘 함께 행동하고, 무엇이든 공유하므로 각별히 조심해야 합니다.

무슨 일이든 찬성해주고, 무엇을 말해도 공감해 주는 친구는 정말 고마운 존재입니다. 자신의 단점과 결점까지도 받아준다 생각하면 아주 절친한 친구라고 믿기 쉽지요. 하지만 그런 친구 사이가 깨져 서로 흉보는 관계가 되면, 그때부터는 정말 비참합니다. 껄끄러운 일도 서로 다 알고 있으니 도마 위에 올릴 재료가 얼마나 풍부할까요?

"친구라고 생각해서 말했는데 이럴 수가 있나. 나는 자기 일을 다 비밀로 해주었는데."

이렇게 말해도 소용없습니다. 남는 것은 미움뿐이지요. 이런 경우는 동성 친구뿐만 아니라 애인에게도 해당됩니다.

인간관계의 짐에서 벗어나라

품격 있는 친구관계를 만들고 싶거든 상대에 관한 험담이나 비판을 제삼자에게 말하지 마세요. 제삼자에게 한 말은 반드시 상대의 귀에 들어갑니다. 세상에는 품격을 갖추지 못한 사람이 더 많습니다. 그들은 소문내기를 좋아하는데, 특히 험담이나 비판, 싸움 이야기라면 눈에 불을 켜고 퍼뜨립니다. 커뮤니케이션 심리학에 따르면 "이건 비밀인데" 하고 주의를 주면서 한 말이, 아무런 주의도 주지 않은 말보다 빨리 퍼져나간다고 합니다.

직접 들으면 아무것도 아닌 이야기도 제삼자의 입을 통해 들으면 기분이 언짢아집니다. 하물며 비판적인 이야기라면 더 말할 나위도 없습니다. 칭찬이라면 아무리 해도 좋지만, 본인이 없는 곳에서 비판의 말은 하지 마세요. 친구와 지인도 완전한 인간이 아니기 때문에 실패도 하고 때로는 실수도 합니다. 상대가 자신의 실수를 알고 있는데 거기에 대고 비판을 가할 필요는 없습니다.

'저런 사람을 내가 믿고 있었다니.'

상대는 그렇게 생각하며 자신감을 잃어버릴 것입니다.

친구라고 굳게 믿었는데 싫은 점이 발견되어 눈에 거슬린다면 이렇게 하세요. 고치라고 요구할 것이 아니라 조금씩 멀어지는 것입니다. 소동을 벌이며 완전히 헤어지는 것이 아니라, 어느 날 문득 바라보았을 때 멀어졌음을 느끼는 관계로 가는 것입니다. 마침표를 찍지도 않았는데 어느새 멀어져 있는 것이 품격 있는 이별의 모습입니다.

♣ 삶을 이기는 멘토
1. 당신은 친구와 더 이상 사귀고 싶지 않을 때, 어떤 이별의 방법을 선택했나요?
2. 가장 품격 있는 이별의 모습은 어떤 것일까요?

인간관계의 짐에서 벗어나라

약속 시간에 늦었을 때는, 감사의 말을 전하자

그가 약속 시간에 늦었다면?
뾰로통한 얼굴로 싫은 내색을 한다면,
다른 여성과 다를 바가 없습니다.

시간 약속을 잘 지키는 것은 참 좋은 일입니다. 하지만 본의 아니게 늦을 때도 있습니다.

첫 만남일 때는 누구나 정한 시간보다 빨리 약속 장소로 달려갑니다. 하지만 사이가 익숙해져서 두 번 세 번 만나다 보면, 지각이 잦아지지요. 마음이 느슨해진 탓입니다.

지금은 핸드폰을 거의 가지고 있기 때문에, 늦으면 늦는다고 연락을 하기가 쉽습니다. 하지만 그렇기 때문에 시간 약속을 소홀히 여기게 되지요. '늦으면 핸드폰으로 연락하면 되지' 하고 생각하기 때문입니다.

약속 시간에 늦으면, 대부분 이렇게 말합니다.

"늦어서 미안합니다."

그리고 상대를 기다리게 한 미안함 때문에, 이유를 일일이 설명하며 그를 납득시키려 하죠.

"버스를 탔는데, 길이 어찌나 막히던지요."
"집에서 막 나오려는데, 전화벨이 울리잖아요."
"지갑을 두고 나왔지 뭐예요."

그러나 잘 생각해 보세요.

혹시 당신은 "늦어서 미안합니다"라고 말하면서 속으론 '그러니 내가 나쁜 게 아니야'라고 말하고 있진 않나요?

아무리 어쩔 수 없는 상황이어서 변명을 늘어놓는다 해도, 상대가 기다리고 있었던 사실은 변하지 않습니다. 이유가 무엇이건 기다림에 지쳐 있던 그가 좋은 기분일 리는 없습니다.

이런 때에 위력을 발휘하는 한 마디가 있습니다.

"기다려줘서 고맙습니다."

약속 시간에 늦었을 때는 미안한 얼굴로 사과하는 게 아니라, 기다려준 것에 대해 기쁜 표정으로 감사하다고 전하세요.

반대로 상대가 약속 시간에 늦었다면? 이때야말로 당신의 진가를 발휘할 수 있는 순간입니다. 뾰로통한 얼굴로 상대에게 싫은 내색을 한다면, 다른 여성과 다를 바가 없습니다. 그럴 때는 이렇게 말하세요.

"저도 지금 막 왔어요."

이것이 상대를 감동시키는 여자의 고운 습관입니다.

♣ 삶을 이기는 멘토

1. 약속 시간에 늦었을 때, 어떤 사람은 "늦어서 미안하다" 말하고, 또 어떤 사람은 "기다려줘서 고마워요"라고 말합니다. 어느 쪽이 훨씬 더 마음에 와 닿을까요?

인간관계의 짐에서 벗어나라

남자친구 집에서 식사를 마치고 나서

남자친구의 집을 처음 방문한 경우라면,
테이블에 놓인 접시나 찻잔 등을
치우기 쉽도록 모아놓는 정도가 좋습니다.

　남자친구의 집에 찾아가면, 그의 부모님께 차나 식사를 대접받을 때가 있습니다. 예의를 차리면서도 맛있게 먹어야겠지요.
　자, 그런데 다 먹은 다음이 문제입니다. 그의 어머니가 그릇을 치울 때, 당신은 어떻게 해야 할까요. 도와드려야 할까요, 아니면 가만히 있어야 할까요?
　이 경우에는 얼마나 친밀한지가 중요합니다.
　지금까지 몇 번이나 방문한 덕분에, 그의 부모님과 사이가 좋다면? 이때는 "도와드릴게요"라고 나서는 것이 바람직합니다.
　그러나 처음 방문한 경우라면, 가만히 있는 것이 좋습니다. 지나치게 적극적으로 나서면 오히려 반감을 삽니다.
　'처음 만나는 사이인데, 너무 친근하게 구는 거 아냐?'
　남자친구의 부모님은 불편하게 생각할지도 모릅니다. 처음에는 얌전히 있으세요. 테이블에 놓인 접시나 찻잔 등을 치우기 쉽도록 모아놓는 정도가 적당합니다. 그의 어머니

께서 치우기 시작하면, "제가 옮길까요?"라고 물어봅니다. 이렇게 조심스럽게 행동하면, 그의 부모님도 당신을 마음에 들어 할 것입니다.

그의 부모님은 미래에 당신의 가족이 될 수도 있습니다. 첫눈에 잘 든다면, 앞으로 인간관계의 무거운 짐에서 어느 정도 벗어날 수 있습니다.

언제 어느 곳에서나 절도를 지키는 모습, 이것이 여자가 강해지는 똑똑한 습관입니다.

♣ 삶을 이기는 멘토
1. 당신은 남자친구의 집을 방문한 경험이 있나요?
2. 처음 남자친구의 집에서 식사를 하고서, 당신은 어른들의 일을 거들어 드렸나요?

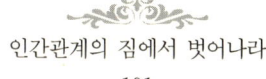

인간관계의 짐에서 벗어나라

강해지는 지혜를 담은
아름다운 에세이

어머니의 수프

　우리 주변에는 뜻밖의 일로 그 진가가 드러나기 전까지는 우리 삶 속에 묻힌 채 빛을 발하지 못하는 보석들이 너무도 많다. 어머니의 수프 냄비도 그랬다.
　청백색 법랑이 여기저기 벗겨진 채 화덕 위에 놓여 있던 수프 냄비 모습이 아직도 눈에 선하다. 수프는 마치 활화산처럼 김을 내며 부글부글 끓고 있었다. 집 뒷문으로 들어설 때면 구수한 그 냄새에 침이 돌면서 마음이 푸근해졌다.
　어머니의 미너스트로니 수프는 요리법이 따로 없었다. 습관적으로 요리하다 보면 어느 순간에 만들어지는 그런 요리였다. 이탈리아 북부 피에몬테 산맥에 살던 소녀 시절부터 어머니는 그렇게 해 왔다. 어머니는 그 요리법을 할머니로부터 배웠고, 할머니는 또 할머니의 어머니로부터 그 비법을 전수받았던 것이다.
　미국에 이민 온 우리 대가족에게 어머니의 수프는 우리를 결코 굶주리게 하지 않는다는 보장과도 같은 것이었다. 요리 비법이라면 그때그때 부엌에 있는 모든 재료들을 사용하여 만드는 것이었다. 그런 만큼 수프 재료로 우리 집

안 경제 형편을 짐작할 수 있었다. 걸쭉한 국물과 토마토, 파스타, 콩, 당근, 샐러리, 양파, 옥수수, 고기 등이 들어 있으면 버스카글리아 집안 사정이 잘 돌아가고 있다는 표시였고, 멀건 수프가 나오면 어려운 시절이라는 뜻이었다.

우리 집에서는 어떤 음식도 내버리는 법이 없었다. 음식을 버리는 것은 하느님을 거역하는 죄로 여겼다. 결국 모든 남은 음식은 미너스트로니 수프 냄비 속으로 들어갔다.

그 수프를 끓이는 게 어머니에게는 아주 신성한 일이었다. 어머니에겐 요리가 하느님 섭리를 받드는 하나의 의식이었다. 감자 한 조각, 잘게 썬 닭고기 한 점까지도 감사하는 마음으로 냄비에 넣었다.

그런 어머니의 수프 냄비가 한때 나를 당혹스럽게 한 적이 있었다.

솔이라는 이름의 그 친구는 좀 마른 체격에 짙은 머리칼을 가진 소년으로, 그의 아버지는 의사였고 우리 동네의 제일 좋은 구역에서 살았으며, 내게 아주 특별한 친구였다. 솔은 종종 나를 자기 집 식사에 초대했다.

솔의 집 부엌에는 크롬 도금을 해서 번쩍거리는 그릇들이 가득했고, 하얀 유니폼을 입고 일하는 요리사도 있었다. 음식은 훌륭했지만, 불꽃에 그을려 까매진 냄비에서 요리돼 나오는 우리 집 음식 같은 감칠맛은 없다고 느껴졌다. 뿐만 아니라 식사하는 분위기도 우리 집과는 달랐다. 모든 것이 너무나 깍듯했다. 솔의 부모님이 매우 점잖아서인지 식탁의 대화는 차분하다 못해 딱딱한 편이었다. 그리고 아무도 포옹하지 않았다. 내가 본 것 중 솔이 아버지에

인간관계의 짐에서 벗어나라

게 가장 가까이 다가간 적은 악수를 할 때뿐이었다.

우리 집에서는 남자, 여자, 어른, 아이 할 것 없이 서로를 따뜻하게 안아 주는 것이 불문율이었다. 내가 어쩌다 입맞춤하지 않으면 어머니는 물었다.

"웬일이냐 얘야, 너 어디 아프냐?"

하지만 그 시절의 내게는 이 모든 게 창피할 뿐이었다.

솔이 우리 집에서 식사하고 싶어하는 것을 알았지만, 받아들일 수가 없었다. 그때 내 친구들 중 누구의 집에서도 화덕 위에 냄비를 걸어두지 않았고, 집 안에 들어서자마자 다짜고짜 식탁으로 끌고 가 숟가락과 수프 그릇을 안겨 주는 어머니도 없었다.

마침내 솔은 우리 집에 자기를 초대해 주지 않겠느냐고 물어 왔다. 나는 승낙할 수밖에 없었다. 어머니가 무척 기뻐하실 거라는 것도 알았다. 하지만 나는 걱정이 이만저만이 아니었다. 우리 가족과 식사하고 나면 나에게서 완전히 등을 돌릴 게 확실했으니까.

"엄마, 우리 집에서는 왜 햄버거나 닭튀김 같은 미국 음식을 안 해요?"

어머니의 시선을 받자, 나는 더 이상 묻지 않는 게 좋겠다고 생각했다.

솔이 우리 집에 온 날 나는 신경쇠약에 걸릴 정도였다. 어머니와 다른 아홉 식구들은 돌아가며 그 애를 껴안고 등을 토닥거리며 대대적인 환영을 했다.

우리는 곧 묵직하고 때가 절어 반들거리는 식탁 주위에 둘러 앉았다. 아버지가 손수 깎아 만든 그 식탁은 아버지

의 자랑이자 기쁨이었다. 식탁에는 기름먹인 천으로 만든 너무도 야하고 밝은 색의 식탁보가 덮여 있었다. 아버지의 감사 기도가 끝난 뒤, 예상한 대로 우리는 즉시 수프를 한 대접씩 받았다.

"얘, 솔. 이게 뭔지 아니?"

"수프 아니예요?"

"이건 보통 수프가 아니라 미너스트로니 수프란다!"

어머니는 딱 부러지게 말하고 수프의 효력에 대해 장황하게 설명을 늘어놓기 시작했다. 이 수프가 감기와 두통, 심장병과 소화불량, 통풍과 간 질환을 어떻게 낫게 하는지를.

어머니는 솔의 팔뚝을 만져 보고, 그 수프는 이탈리아계 미국 영웅 찰스 애틀라스처럼 솔을 튼튼하게 만들어 줄 거라고 장담했다. 나는 이제 솔과 이별하게 될 걱정에 몸이 움츠러들었다. 그 애가 이렇듯 별난 억양에 희한한 음식을 먹는 괴팍한 사람들이 사는 우리 집을 다시 찾을 리 만무했다.

그러나 놀랍게도 솔은 예의바르게 수프 그릇을 깨끗이 비우고 두 번이나 더 달라고 했다. 수프를 후루룩 먹으면서 솔은 말했다.

"정말 맛있는데요."

우리가 작별 인사를 나눌 때 솔은 털어놓았다.

"넌 정말 좋은 가족들하고 살고 있구나. 우리 어머니도 이렇게 훌륭한 요리를 할 수 있으면 좋겠어. 넌 정말 행운아야!"

인간관계의 짐에서 벗어나라

'행운아라고?'

나는 그 애가 손을 흔들고 미소지으며 거리를 따라 걸어 내려갈 때까지 어리둥절했다.

어머니는 오래 전에 세상을 떠났다. 어머니의 장례를 치른 다음날 누군가 미너스트로니 수프 냄비 아래의 가스불을 꺼 버렸다. 이렇게 그 불꽃과 함께 영광의 시대는 갔다. 그러나 맛깔스러운 건더기들과 함께 보글거리던 경건한 사랑과 확신은 오늘날 내 가슴 속에 변함없는 따스함으로 남아 있다.

솔과 나는 오랜 세월 우정을 나누었고, 나는 그가 결혼할 때 들러리를 섰다. 얼마 전 그의 집에 식사 초대를 받아 갔더니 그는 자신의 아이들을 잘도 껴안아 주었고, 모두들 나를 반갑게 맞았다. 드디어 그의 아내가 김이 모락모락 나는 수프 그릇을 내왔다. 온갖 채소류와 맛 좋은 고기가 들어간 걸쭉한 닭고기 수프였다. 솔이 내게 물었다.

"이봐, 레오. 자네 이게 뭔지 아나?"

나는 빙그레 웃으며 대답했다.

"수프지, 뭐."

"그냥 수프라고? 이건 치킨 수프라네. 감기와 두통과 소화불량을 고쳐 주고, 또 자네의 간에도 좋은 수프란 말일세!"

그러면서 솔은 한쪽 눈을 찡긋했다. 그 순간 나는 다시 옛집으로 돌아간 기분이었다.

버스카글리아

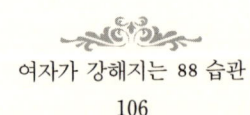

4

여자가 이기는 88 습관
최적의 사랑을 발견하라

당신은 지금 누군가를 사랑하고 있습니까?
여기 모든 연애의 방법과 사랑의 기술이 있습니다.
설레는 마음으로 이 책을 열고 들어오십시오.

사랑은 인생의 전부가 아니다. 하지만 이 세상에 사랑보다 더 귀한 것은 아무것도 없다. 사랑할 수 있는 기회를 절대 놓치지 말라. 전혀 예상치 못한 순간에 사랑으로부터 도움을 받을 것이다.

사랑의 획득은 정말 사소한 어떤 일을 하거나 하지 않아서 생기는 경우가 많다. 그러니 아무리 작은 것이라도 세심하게 배려하고 살피고 신중하게 판단하라.

그의 이름을 한번 불러보세요

용기를 내어 그의 이름을 부르세요.
그는 반드시 당신을 돌아볼 것입니다.

'어떻게 하면 그의 관심을 끌 수 있을까?'

당신은 지금 고민하고 있나요?

가장 간단한 방법이 있습니다. 바로 그의 이름을 부르는 것입니다. 그에게 말을 걸 때 "저……" 대신 "○○씨" 하고 부르세요. 또 부탁할 때는 그냥 "부탁합니다"가 아닌, "○○씨 부탁합니다" 하고 말하세요.

누구든 자신의 이름을 불러주면 기분이 좋아집니다. 마치 상대가 이렇게 말하는 듯하기 때문이지요.

"당신의 존재를 기억하고 있어요. 더 친한 사이가 되길 바랍니다."

조금 떨어진 곳에서 그의 이름을 불러 보세요. 길 저편에서 자기 이름을 부르며 반갑게 달려오는데 호감을 느끼지 않을 남성은 없습니다. 그는 반드시 당신을 돌아볼 것입니다.

쑥스러워서 이름을 못 부르겠다고요? 그에 대한 마음을 고백하라는 것이 아닌걸요. 그저 이름만 불러주면 됩니다.

정말 그와 사귀고 싶다면 자주 그의 이름을 불러 당신 쪽으로 얼굴을 돌리게 만드세요.

최적의 사랑을 발견하라

상대가 굳이 연애의 대상이 아니더라도 이름을 부르며 말하는 습관은 나쁠 게 없습니다. 사람은 누구나 자신의 존재를 존중받고 싶어하니까요.

용기를 내서 그의 이름을 부르세요. 그러지 않으면 그는 좀처럼 이쪽으로 고개를 돌리지 않습니다. 그가 길 저편에서 지나가고 있으면 큰 소리로 이름을 부르며 달려가세요.

자주자주 이름을 부르는 것은, 여자가 사랑에서 강해지는 습관입니다.

♣ 삶을 이기는 멘토
1. 당신은 그 남자의 이름을 자주자주 부르나요?
2. 그 남자의 이름을 부르면, 그는 어떻게 응답해 오나요?

내일이면 늦으리. 마음 전할 시간은 오늘뿐

꼭 사랑한다고 편지를 쓰세요.
마음의 편지는 그를 부드럽게 유혹하는 최상 무기입니다.

만약 앞으로 1시간밖에 살지 못한다면? 단 한 사람밖에 전화를 할 수 없다고 한다면?

한 치 앞도 내다볼 수 없는 것이 삶입니다. 우리 앞에 어떤 운명이 기다리고 있는지는 아무도 모르지요.

나의 어머니는 2년 전에 돌아가셨습니다. 너무도 갑작스레 돌아가시는 바람에 어머니는 가족들에게 사랑한다는 말도 전하지 못한 채 숨을 거두셨지요.

때를 놓쳐서는 안 됩니다. 얼마나 깊이 사랑하고 있는지 말로 표현할 수 있는 것은 지금뿐입니다.

연인에게 지금 사랑한다고 말하세요. 직접 얼굴을 보고 말하면 더욱 좋겠지만, 여의치 않으면 전화로 이야기하세요.

"사랑한다고 말하고 싶어서 전화했어요."

세상에 이만큼 감동적인 말이 또 있을까요? 그런 전화를 당신이 받는다면, 어떤 느낌일까요?

가슴이 두근거리고 얼굴이 붉어져서 말하기가 어려우면, 마음을 담아 편지를 쓰세요. 마음의 편지는 그를 부드럽게 유혹하는 최상의 무기입니다. 좀 유치하긴 하지만 말입니

최적의 사랑을 발견하라

다.
 요즘은 무엇이든 표현하는 여자가 아름답다고 합니다. 그에게 당신의 사랑을 맘껏 나타내세요. 마음을 전할 시간은 오늘밖에 없고, 그것은 사랑을 쟁취하는 여자의 용감한 습관입니다.

♣ 삶을 이기는 멘토
1. 당신은 편지로 그 남자에게 사랑을 고백했었나요?
2. 편지에 무엇무엇을 적었나요?

사랑 받으려면 겉모습부터 가꿀 것
누군가 당신을 있는 그대로 받아들이길 원한다 하더라도
자신을 좀 더 아름답게 가꾸어야 합니다.

"있는 그대로의 나를 사랑해 주는 남자를 만나고 싶어요."

많은 여자들의 소망이지요. 혹시 당신도 이런 소망을 품고 있나요? 물론 가식적인 모습으로는 어떤 관계도 오래 지속시키지 못합니다. 사실 시간이 지나면, 아침에 일어나 눈곱도 떼지 않은 부스스한 모습을 보여줘야 할 일도 생길 것입니다. 서로 익숙해지면, 어떤 포장도 자연히 벗겨지게 마련이니까요.

더구나 아름다운 모습만을 보여주려고 애쓰는 것은 분명히 참을 수 없는 고역입니다. 그렇다 해도 당신의 모습을 가꾸는 건 아주 중요한 일입니다.

지금 당신이 길을 걸으면서 들어갈 만한 레스토랑을 찾고 있다고 생각해 보세요. 그곳은 낯선 거리이고, 시장기는 웬만큼 참을 만합니다. 그런데 까다로운 당신은 아무거나 먹기는 싫고, 취향에 맞는 맛있는 음식을 원합니다. 하지만 지금은 당신에게 음식 맛을 보장하면서 레스토랑을 추천해 줄만한 사람도 없습니다. 그때 당신은 어떻게 할까요? 아마도 가게의 외관이나 이름을 보고 마땅한 가게를

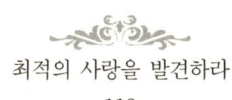

최적의 사랑을 발견하라

선택할 것입니다.

　물론 그것들은 단순히 겉모양에 불과할 때도 있습니다. 근사해 보이는 레스토랑에 들어갔는데, 형편없는 음식이 나올 때도 있으니까요. 하지만 가게를 깨끗하게 단장해 놓지 않았거나 촌스럽고 못미더운 간판을 걸어놓은 레스토랑은 들어갈 생각조차 하지 않게 됩니다.

　아무리 아름다운 내면을 가졌어도, 남들에게 어필할 수 있는 최소한의 노력도 기울이지 않은 채, 무작정 있는 그대로를 외친다면 그냥 그대로 혼자 있게 될 가능성이 아주 높습니다.

　당신 안에 숨겨진 보석을 언젠가 알아볼 사람이 나타날 것이라는 기대는 일단 접으세요. 누군가 당신을 있는 그대로 받아들이길 원한다 하더라도 자신을 좀 더 아름답게 가꾸어야 합니다. 겉모습에 관심을 갖고 예쁘게 꾸미는 것은 여자의 아름다운 습관입니다. 그것이 자신의 진짜 모습을 감추는 것은 아니니까요.

　당신 안에서 빛나는 모든 것을 그에게 내보일 수 있는 건 그 다음 순서임을 기억하세요.

♣ 삶을 이기는 멘토

1. 당신은 아름다운 외면을 가꾸기 위해서 어떤 노력을 기울이나요?
2. 당신은 겉모습에도 자신이 있나요?

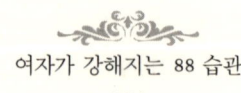

남자 마음을 움직이는 여자의 무기

밸런타인데이나 생일날 선물을 하지 않는 것도
사랑의 기술입니다.

 사랑의 테크닉은 참으로 미묘합니다. 하지만 어느 때는 참 단순하게 다가오지요. 반할 정도로 괜찮은 남자의 마음을 움직이는 아주 의외의 기술을 하나 귀띔하겠습니다.
 그것은 정말 간단한 기술입니다.
 바로 밸런타인데이나 생일처럼 아주 특별한 날에 아무런 선물도 하지 않는 것이죠.
 내가 아는 한 멋진 청년이 말했습니다.
 "어느 해 생일날 세 명의 여자한테서 선물을 받았어요. 그녀들이 준 선물이 모두 내가 갖고 싶어 하던 물건이어서, 그런대로 기분이 괜찮았죠. 하지만 그렇다고 해서 세 여자에 대한 평가가 올라갔느냐 하면, 그렇지도 않았어요. 그 중에는 내가 술을 좋아하는 것을 알고 제법 비싼 고급 양주를 사준 여자도 있었죠. 그 술을 받고 정말 기뻤습니다. 하지만 그뿐이에요."
 그렇게 상대를 기쁘게 하는 것과 상대의 마음을 사로잡는 것은 차원이 다릅니다. 그런데 그 생일을 계기로 주가가 올라간 여성도 있었습니다.
 "'이 아가씨는 어떤 선물을 가지고 올까?' 하고 생각한

최적의 사랑을 발견하라

여자가 또 한 사람 있었습니다. 하지만 그녀는 끝내 선물을 가지고 오지 않았습니다. 내 생일을 몰랐는지, 아니면 알고도 모른 체한 건지는 알 수 없지만, 어쩐지 그녀에게 신경이 쓰이기 시작했죠. '응? 나를 좋아하는 게 아니었나?' 하고 말입니다."

그렇습니다. 바로 이것입니다.

그 여성은 선물을 하지 않음으로써 그의 마음을 움직인 것입니다. 미미한 흔들림이지만, 선물을 준 세 사람보다는 확실히 그의 마음에 한 걸음 더 가까이 다가간 것입니다.

당신은 눈길을 사로잡는 이상형의 남자를 찾았나요? 그와 아직 교제하기 전이라면 그에게 가끔 무심해져 보세요. 그의 마음이 당신에 대한 염려와 궁금증으로 조금씩 더 흔들릴 것입니다.

♣ 삶을 이기는 멘토

1. 당신은 만난 지 얼마 안 된 남자에게 생일 선물을 한 적이 있나요?
2. 당신은 밸런타인데이에 남자에게 초콜릿을 선물하나요?

첫 데이트에 성공하는 여자

길고 농밀한 한 번의 데이트 대신,
짧은 시간 내에 깔끔하게 끝나는 데이트를 자주 하세요.
당신에 대한 갈증이, 그의 열정을 부채질할 것입니다.

첫 데이트는 앞으로 당신과 그가 어떤 관계로 이어질 수 있을지 결정짓는 중요한 만남입니다. 그가 마음에 드나요? 그렇다면 만남이 계속 이어질 수 있도록 만드세요.

사소하지만 실수하기 쉬운 상황별 데이트 팁을 명심한다면, 어렵지 않게 성공할 수 있을 것입니다.

첫째, 먹기 어려운 음식은 다음으로 미루세요.

데이트 도중에 레스토랑에 들어가 음식을 시킬 때 주의할 점이 있습니다. 맛있어 보이거나 먹고 싶은 음식을 주문하면 된다고 생각하나요? 물론 그것이 기본입니다. 하지만 맛있어 보인다는 이유로, 먹기 어려운 음식을 주문해선 안 됩니다.

예를 들어 나이프와 포크를 능숙하게 써서 먹어야 하는 생선요리라든가, 뼈째 나오는 닭고기 등은 피하세요.

애초에 음식점을 고를 때부터 신경 쓰는 게 좋습니다. 후루룩 소리가 나거나 국물이 튈 염려가 있는 라면가게, 입을 크게 벌리고 먹어야 하는 패스트푸드점은 선택하지 마세요. 그와 허물없는 사이가 될 때까지는, 여성스러운

최적의 사랑을 발견하라

모습을 보여주는 것이 좋습니다.

둘째, 첫날부터 그를 집에 초대해선 안 됩니다.

독립해서 살고 있는 여성이라면 특히 주의해야 합니다. 첫 데이트를 마치고 그가 집까지 바래다줬을 때, 결코 그를 집 안에 들여선 안 됩니다.

먼 길을 바래다줬는데 차라도 대접할까? 이런 생각이 들더라도 바로 지워버리세요.

혹시 첫 데이트를 할 때부터 그가 당신의 집에 들어가고 싶어 했나요? 그렇다면 그와의 두 번째 만남은 더 신중하게 고려해보길 바랍니다.

셋째, 짧고 인상적인 데이트를 즐기세요.

첫 데이트 후 서서히 둘의 관계가 달아오르기 시작했다면, 이제 그의 마음을 사로잡기 위해 지혜를 발휘하세요.

그가 당신을 더욱 좋아하도록 만드는 애태우기 기술이 필요합니다. 애태우는 기술을 효과적으로 구사하려면 데이트 시간을 잘 활용하세요.

길고 농밀한 한 번의 데이트 대신, 짧은 시간 내에 깔끔하게 끝나는 데이트를 자주 하세요. 당신에 대한 갈증이, 그의 열정을 부채질할 것입니다.

첫 데이트에 성공하는 세 가지 비법, 이 훌륭한 시작으로 그와의 연애에 성공하길 기도합니다.

♣ 삶을 이기는 멘토
1. 그 남자와의 첫 데이트는 성공적이었나요?
2. 첫 데이트에서 그 남자의 장점을 발견했나요?

지혜로운 음성사서함 활용법
받기 싫은 사람에게서 전화가 왔을 때는 받지 마세요.
음성사서함으로 넘어가도록 놔둡니다.

그녀에게 전화를 걸었는데, 통 받지를 않는다. 이럴 때, 남자는 보통 음성메시지를 남기지 않고 그냥 끊어버립니다. 괜히 메시지를 남겼다가, 그녀에게서 아무 반응이 없으면 괴로울 테니까요.

한편 음성사서함의 메시지를 듣고도 내가 전화할 필요는 없겠지라고 생각하는 여성도 매우 많습니다. 그래서 상황이 더 복잡해지죠. 이런 여성은 '정말로 나를 좋아한다면, 다시 한 번 전화해줄 거야'라고 생각합니다. 한편 메시지를 남긴 뒤 여성의 전화를 기다리던 남성은, 계속 기다리면서 불안해하겠지요.

메시지를 남긴다는 것은 쉽지 않은 일입니다. 자존심을 다칠 위험이 있으니까요. 그가 그런 위험부담을 감수하면서까지 메시지를 남겼다면, 당신을 매우 좋아한다는 뜻입니다. 이때 당신은 어떻게 하면 좋을까요. 답은 하나입니다. 데이트를 할 마음이 있다면, 망설이지 말고 그에게 전화를 거세요.

여성이 연락하지 않으면, 남자는 '메시지를 남기지 말 걸 그랬어'라고 후회합니다. 좌절과 부끄러움을 함께 느끼지

최적의 사랑을 발견하라

요.

아무리 매력적인 여성이라도 남성의 메시지를 무시했다면, 그와 좋은 관계가 되기는 어렵습니다. 그가 그녀에게 다시 한 번 전화할 확률은 거의 없으니까요.

음성사서함에 메시지가 남아 있을 때는, 그에게 바로 전화하세요. 그는 기다리고 있습니다.

그런데 만약 당신이 그에게 별 관심이 없다면? 전화번호를 괜히 가르쳐줬다고 후회하고 있다면? 그렇다면 음성사서함을 활용하세요. 옛 애인이 끈질기게 전화를 걸 때도 마찬가지입니다. 받기 싫은 사람에게서 전화가 왔을 때는 받지 마세요. 음성사서함으로 넘어가도록 놔둡니다. 바보가 아닌 이상, 당신의 마음을 눈치 챌 것입니다. 결국 그는 당신을 포기할 것이고, 현명한 결단을 내린 당신은 또 하나의 승자가 됩니다.

♣ 삶을 이기는 멘토
1. 받기 싫은 전화가 걸려오면, 당신은 어떻게 하나요?
2. 그가 음성메시지를 남기면, 당신은 곧 답신을 보내나요?

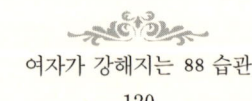

여자사랑 1000미터, 남자사랑 100미터

여자의 사랑은 1000미터 달리기이고
남자의 사랑은 100미터 달리기입니다.

남자와 여자가 느끼는 사랑의 거리감은 전혀 다릅니다.
 남자는 단순하게 어떻게 빨리 도달할 것인가, 어떻게 여자를 유혹할 것인가만 생각하지요. 극단적으로 말하면 그것이 남자의 사랑입니다.
 여자가 유혹에 넘어온 시점, 즉 100미터의 골 테이프를 끊은 시점에서 남자의 사랑은 끝납니다. 특히 젊은 남자일수록 더욱 그렇지요.
 그러나 여자의 사랑의 습관은 그렇지 않습니다. 그 뒤부터가 진짜 사랑입니다. 이제부터 더욱 사랑을 키워갈 작정이고, 할 일은 아직도 많습니다. 그래서 걸음을 늦추지 않고 계속 달립니다. 심지어 스피드를 올리기조차 합니다. 그런데 문득 옆을 보았더니 함께 달리고 있다고 생각한 그가 보이지 않습니다. 뒤를 보아도 따라오는 기미가 없습니다.
 어찌된 거야?
 이제부터가 진짜 시작인데. 이제부터가 연애인데.
 어째서 당신은 함께 달리지 않는 거예요?
 멈추는 남자와 계속 달리는 여자. 두 사람의 거리는 점

최적의 사랑을 발견하라

점 멀어져만 갑니다.

경기장의 트랙 안에 멈춰 서서 환호를 받으며 만족하는 남자와, 지금 막 경기장을 나와서 기복이 심한 시가지로 뛰어나가는 여자. 사랑이 결실을 맺은 뒤, 남자와 여자가 느끼는 의식의 온도차를 그대로 나타내 주는 광경입니다.

남자들은 솔직히 반성할 필요가 있습니다.

어느 쪽이 진짜 사랑이냐고 묻는다면 역시 마라톤 쪽일 테니까요.

♣ 삶을 이기는 멘토
1. 지금 그 남자는 당신과 함께 달리고 있나요?
2. 당신은 영원히 그 남자를 사랑할 준비가 되어 있나요?

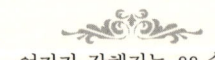

여자가 강해지는 88 습관

사랑한다는 말은 그가 먼저

여성의 무기는 남자보다 조금 높은 곳에 서서
남자를 안달나게 하는 것입니다.

여자에 대한 남자의 습성은 참으로 기묘합니다. 가까이 다가가면 달아나려 하고 도망가면 쫓아옵니다.

어쩌면, 당신도 한두 번쯤 경험했을 것입니다.

이것은 훌륭한 학습입니다. 연애 경험이 없는 여성은 이런 초보적인 남성 심리조차 모르지요. 학습하지 않으면, 간파할 수 없는 것입니다.

여자가 더 많이 좋아하면 연애는 실패하기 쉽다는 중요한 법칙을 깨달아야 합니다. 진정한 사랑이란 자기의 마음을 아낌없이 표현하고 누구의 사랑이 더 큰지 계산하지 않는 것이라고 생각하나요? 착각이에요! 아쉽지만 사랑은 그렇게 고결하지만은 않습니다. 현실의 사랑은 더 많이 사랑한 쪽이 지는 잔인한 게임입니다. 그러나 이것은 몇 번쯤 괴로운 연애를 통하지 않고서는 좀처럼 이해하기 어렵습니다.

"사랑해?"

그렇게 묻는 순간, 이미 승리는 남자의 것으로 돌아갑니다. 왜냐하면, 사랑을 요구하는 쪽이 고개를 숙이게 되는 법이니까요.

최적의 사랑을 발견하라

"사랑해. 당신도 날 사랑하지?"

남자 쪽에서 먼저 묻는다면, 그때의 승부는 여자에게 더 유리합니다. 그런데 처음 연인에게서 그런 말을 들으면 이렇게 대꾸합니다.

"물론 사랑해요."

하지만 여자가 연애의 줄다리기를 제대로 익혔다면, 그녀의 대답은 조금 달라지겠죠.

"얼마만큼 사랑하는데?"

이런 학습을 해가면서 느긋이 상대의 마음을 관찰하세요. 여성의 무기는 남자보다 조금 높은 곳에 서서 그를 안달하게 만드는 것입니다.

절대로 거리를 유지할 것. 적당한 거리감은 좋아하는 감정을 고조시켜줄 뿐 아니라 남자에게 쫓아다닐 기회를 만들어주기도 합니다. 여성이 사랑에서 강해지는 습관, 그것은 남자가 애달아할 때까지 태연한 태도를 애써 보이는 것입니다.

♣ 삶을 이기는 멘토
1. 당신은 그를 애태우게 하는 방법을 알고 있나요?
2. 여유로운 마음을 가져요. 당신을 갈구하는 그 남자를 흐뭇하게 지켜보아야 합니다.

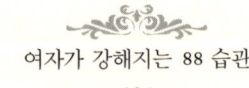

여자가 강해지는 88 습관

남자를 달달 볶지 마세요

그를 매몰차게 달달 볶지 마세요.
남자는 여자가 자신을 사랑하고 필요로 하길 바랍니다.

사귀기 시작한 지 1년이 넘은 두 남녀가 있습니다. 그들은 분명히 서로 사랑하고 있죠. 하지만 시간이 흘러도 남자는 프러포즈할 생각을 하지 않습니다.
'왜 그는 결혼하자는 말을 하지 않을까!'
여자는 마음이 급해지기 시작했습니다.
그녀가 어떻게 해야 결혼 신청을 받아낼 수 있을까요?
남자는 너무나도 신중한 성격이었습니다. 여자가 아무리 애타게 그의 프러포즈를 기다려도, 그는 좀처럼 결혼하자는 말을 꺼내려들지 않았습니다. 결국 기다리다 못한 여자는 남자를 달달 볶기 시작했습니다. 그 같은 날이 계속되었지요. 그리고 어느덧 남자의 사랑이 식어가기 시작했습니다.
여자는 남자의 마음이 늘 궁금했습니다. 진실을 말해 달라며, 애인을 성가시게 만들었죠. 그러나 여자의 애타는 마음은 역효과만 불러일으켰습니다. 남자는 사랑한다는 말을 점점 안 하게 되었습니다.
내가 그녀에게 충고했지요.
"초조해하지 말아요. 자연스러운 교제를 계속하세요. 빨

최적의 사랑을 발견하라

리 결혼하고픈 마음에, 그를 들볶아선 안 됩니다. 지금 당신의 모습을 그대로 유지하세요. 그것이 최선의 방법입니다. 당신이 손수 만든 요리를 그가 좋아한다면, 자주자주 그에게 요리를 만들어주세요. 당신의 느긋하고 긍정적인 성격을 그가 좋아한다면, 여유를 가지고 기분 좋게 데이트하세요. 당신이 원피스를 입었을 때 그가 칭찬했다면, 예쁜 원피스를 사서 자주자주 입으세요. 그의 마음은 언제나 한결같습니다. 다만 선뜻 용기가 나지 않을 뿐이에요. 그냥 느슨하게 지금처럼만 당신의 모습을 계속 보여준다면, 머지않아 그가 당신에게 청혼할 거예요."

여자는 나의 조언을 귀담아 들었고, 그대로 실행에 옮겼습니다. 그리고 오래 지나지 않아, 그들의 관계는 회복되었습니다. 여자가 여유롭게 행동하자, 남자도 편안한 마음으로 그녀를 대하게 되었습니다.

여자는 더 이상 재촉하지 않았습니다. 그래서 두 연인은 서서히 관계를 진행시켜 나갔지요. 그는 이제 예전에 자주 했던 말을 되찾았습니다. 바로 이 말입니다.

"사랑해."

마침내 남자는 여자를 찾아갔습니다. 아주 멋진 장미꽃

다발을 품에 안기며, 정식으로 프러포즈를 했습니다. 곧 두 사람은 결혼에 골인했고, 베네치아로 신혼여행을 갔습니다.

남자는 자기만의 속도에 맞춰, 스스로 결정하는 것을 매우 중시합니다. 따라서 남자를 달달 볶아서 무슨 일을 시키려 해봤자, 좋은 결과를 얻기 힘듭니다.

또한 남자는, 여자가 자신을 사랑하고 필요로 하길 바랍니다. 그러므로 매몰차게 달달 볶는 방법은 실패할 가능성이 아주 높지요.

남자만의 속도를 존중해 주세요. 조금만 기다리면, 원하던 대로 그가 다가올 것입니다. 당신이 기대하던 멋진 장미꽃다발도, 그의 간절한 프러포즈도 모두 이루어질 것입니다. 마침내 당신은 사랑의 승자가 되는 것입니다.

♣ 삶을 이기는 멘토
1. 그가 프러포즈를 하지 않아서, 마음이 조급한가요?
2. 당신은 환상적인 프러포즈를 꿈꾸나요?

최적의 사랑을 발견하라

가르쳐주세요

남성과 친해질 수 있는 가장 쉬운 방법은,
그의 특기 분야에 대해 물어보는 것입니다.

남성은 기본적으로 가르치기를 좋아합니다. 그래서 이런 말을 들으면 무척이나 기뻐합니다.

"가르쳐주세요."

단, 가르쳐달라고 부탁할 때는 고생할 각오를 해야 합니다. 이를테면 이런 식이지요. 와인을 좋아하는 사람에게 당신이 말했습니다.

"○○씨는 와인에 대해 잘 아신다고 들었는데요. 저녁식사 때 곁들일 와인 한 병 추천해주시겠어요?"

그러면 굉장한 사태가 벌어질지도 모릅니다. 그는 눈을 반짝이며 지식 보따리를 주저리주저리 풀어놓을 테니까요.

"예산은 얼만데요? 저녁 메뉴는 뭐죠?"

그는 열심히 질문한 뒤 강의를 시작합니다.

"그렇군요. 스테이크란 말이죠. 그럼 와인은 보르도가 무난할 것 같은데, 그 중에서도……."

와인에 대한 강좌는 쉽게 끝나지 않습니다. 짧으면 10분, 길면 1시간까지 이어질지도 모르지요. 이 기나긴 이야기를 끝까지 들어줄 각오가 되어 있어야 합니다.

그리고 마지막에는 웃으면서 이렇게 말하세요.

"와, 정말 잘 아시네요. ○○씨랑 같이 와인 마시러 가 보고 싶어요. 언제 한번 불러주세요."

운이 좋으면, 그가 맛있는 식사와 와인을 당신에게 대접할지도 모릅니다. 어쩌면 당신에게 호감을 품게 되는지도 모릅니다. 물론 그러면 더 거창한 그의 와인 강좌를 들어줘야 할 테지만요.

이처럼 상대와 친해질 수 있는 가장 쉬운 방법은, 그의 특기 분야에 대해 물어보는 것입니다. 별로 어려운 일이 아닙니다. 남의 이야기를 참을성 있게 들어주기만 하면 되니까요. 예를 들어 소개팅에서 만난 남성이, 광고회사에서 일한다고 해봅시다. 그는 자신이 만든 광고에 대해 자랑하고 싶은 마음이 들 것입니다. 이때 당신은 두 귀를 쫑긋하며 재빨리 흥미를 보이세요.

"아, ○○씨가 그 광고 만드셨군요. 어떻게 제작하셨어요?"

그러면 그가 내심 우쭐해져서 대답할 것입니다.

취미에 대해서도 마찬가지입니다. 그가 자동차를 좋아한다면 다음과 같이 물어보세요.

"요즘 새로 나온 차가 뭔가요? 어쩌면 저, 차 살지도 모르거든요. 좋은 차가 뭔지 좀 가르쳐주세요."

시사문제에 대해 물어보는 것도 좋습니다. 응용 범위는 무궁무진하지요. 딱 떠오르는 게 없다면 우선은 상대의 직업과 취미를 물어보세요. 그리고 그 분야에 대해 가르쳐달라고 말하세요. 그는 기꺼이 당신의 자상한 선생님이 되어

최적의 사랑을 발견하라

줄 것입니다.

그의 이야기를 다 들은 뒤에는 감사 인사를 하세요.

"○○씨, 정말 대단하시네요. 덕분에 많이 배웠습니다."

이 방법은 대단히 효과적입니다. 사적인 자리는 물론이고 공적인 자리에서도 쓸 수 있죠. 이렇게 남자를 치켜세워서 호감을 사는 것도 여자가 강해지는 습관입니다. 가르쳐달라는 말을 듣고 싫어할 남성은 없으니까요.

다시 한 번 정리해볼까요? 그에게 배우겠다고 하세요. 그리고 그의 이야기를 열심히 들어주세요. 마지막에 그의 지식을 칭찬하는 것입니다. 이것으로 그와 거리좁히기는 완벽합니다!

♣ 삶을 이기는 멘토

1. 당신은 그에게 무언가를 가르쳐달라는 제안을 한 적이 있나요?
2. 그때 그의 반응은 어땠나요?

포용력이 강한 여성은 아름답다

그가 모두 틀릴 수도 있습니다.
하지만 그는 자신의 오류를 인정하려들지 않을지도 모릅니다.
이때 필요한 것이 바로 이해심입니다.

당신은 얼마나 따뜻하고 넓은 마음을 지녔나요?

상대가 당신에게 해를 끼치는 실수를 했을 때, 얼마나 이해하고 감싸주고 덮어줄 수 있나요?

어쩌면, 그가 모두 틀릴 수도 있습니다. 하지만 그는 자신의 오류를 인정하려들지 않을지도 모릅니다. 이때 필요한 것이 바로 이해심입니다. 그리고 오직 현명하고 포용심 있는 여성만이 바다처럼 넓은 이해심을 발휘할 수 있습니다.

그의 생각과 행동에는 그럴만한 이유가 있습니다. 그 이유를 찾아내세요. 그 사람의 행동을 바꿀 수 있는 열쇠를 얻게 될 것입니다.

어느 날 그가 조카를 데리고 당신의 집에 찾아올지도 모릅니다. 두 사람이 한창 이야기꽃을 피우고 있는데, 그의 조카 녀석이 막 새순이 돋기 시작한 정원의 화초들을 모두 망쳐 놓았다면? 당신은 인내심이 강하기 때문에, 일어서서 소리를 지르거나 얼굴을 바짝 찡그리며 화를 내지는 않을 것입니다. 더욱이 옆에서 지켜보던 그가 한 마디 꾸지람조

최적의 사랑을 발견하라

차 하지 않는다 해도, 엉클어진 마음을 감추며 속으로만 안절부절못하고 말겠지요.

기억하세요. 당신의 곁에서 그가 보고 있습니다. 어쩌면 그는 당신의 이해심을 테스트하고 있는지도 모릅니다. 최대한 인내심을 발휘하여 호기심이 많은 아이들의 세계를 이해하기 위해 애써보세요.

하버드 경영대학원의 던햄 교수는 이렇게 말했습니다.

"나는 어떤 사람을 방문할 때, 그 사람이 어떻게 나올 것인지에 대해서 감이 잡히지 않는다면 덜컥 들어가지 않겠다. 차라리 두 시간 동안 그 사람의 집 앞을 서성거리겠다."

진실로 그를 이해하기 위해서는 그의 입장에서 바라보는 힘만이 남았습니다.

♣ 삶을 이기는 멘토

1. 당신이 이해하지 못하는 그의 세계를 어떻게 감당해야 할까요?
2. 그를 가장 잘 이해하는 방법은 그의 눈으로 바라보는 일입니다.

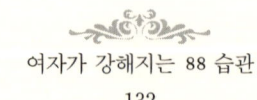

남자를 배려하는 여자의 거짓말

멋진 연애, 행복한 결혼, 그리고 가정을 꾸리는 일…
이 모든 과정 속에 배려의 거짓말이 숨어 있습니다.

당신의 정직한 말 한 마디가 때로는 그에게 상처를 줄 수 있다는 사실을 아나요?

"옷이 그게 뭐예요? 너무 안 어울리잖아요. 남들이 보면 웃겠어요."

당신이 이렇게 말하면, 아무리 호탕한 그일지라도 자존심에 상처를 입을 것입니다. 오늘 아침 그는 당신과의 데이트를 위해 고민하며 옷을 골랐을 테니까요.

이렇듯 모든 면에서 정직하려고 노력하는 것이 결코 옳다고는 할 수 없습니다. 배려가 깃든 거짓말이 필요할 때도 때때로 있는 법이죠.

가령 당신이 누군가로부터 그의 과거 이야기를 듣게 되었다고 합시다. 얼마 뒤, 그가 직접 자신의 과거를 고백하며, 당신에게 "혹시 알고 있었어?"라고 묻는다면 어떻게 대답할 건가요? 가장 현명한 방법은 시치미를 떼는 것입니다.

그는 왜 자기의 과거를 스스로 고백했을까요? 그것은 당신을 믿고, 당신과의 미래를 계획하고 싶었기 때문일 것입니다. 그런데 이미 당신이 남들에게서 들어 알고 있다면,

최적의 사랑을 발견하라

그는 그 이야기가 당신에게 어떤 식으로 전달되었을지 너무도 신경이 쓰일 것입니다.

멋진 연애, 행복한 결혼, 그리고 가정을 꾸리는 일…… 이 모든 과정 속에는 배려의 거짓말이 숨어 있습니다.

비단 연인 사이뿐만 아니라 모든 인간관계에서, 타인을 배려하는 마음은 긍정적인 습관입니다. 일상에서 부딪히는 갖가지 문제들을 이기는 좋은 습관이지요.

당신도 이제부터는 모르는 척 눈감아 주는 법을 배우세요. 당신의 말 한 마디가 생각지 않게 그에게 상처를 주어선 안 되니까요.

♣ 삶을 이기는 멘토
1. 그의 콤플렉스는 무엇인가요?
2. 그의 결점들을 모르는 척 눈감아 주는 것이 현명합니다.

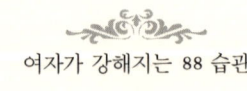

여자친구 앞에서 내 남자 흉보기

아무리 화가 났더라도 그를 진심으로 사랑한다면,
남 앞에서 그가 아주 못난 사람이 되기를 원하지는 않을 것입니다.

아무리 사랑하는 연인이라 해도 마음에 들지 않는 부분이 있기 마련입니다. 당신은 남자친구의 어떤 점이 맘에 들지 않나요? 이런 성격 하나만 고쳐주면 정말 좋겠는데……라는 생각을 해본 적이 있을 것입니다. 당연한 일입니다. 사랑한다고 해서 서로의 모든 것을 이해할 순 없습니다.

이렇게 한번 해보세요. 친한 여자친구 앞에서 그의 험담을 늘어놓는 것이죠. 자존심을 전략적으로 이용해보자는 것입니다.

우리는 아무리 친한 친구 사이라도 백 퍼센트 솔직한 마음을 드러내진 않습니다. 사실 그럴 필요도 없고요. 여성들은 친한 동성친구와 많은 이야기를 나눕니다. 특히 서로의 연인에 대한 이야기 속에는 은근한 자존심과 과시욕이 늘 팽팽히 당겨져 있습니다. 바로 이 긴장 속에서 남자친구의 험담을 펼쳐보세요. 아마 머리끝까지 치솟았던 화가 서서히 느슨해지는 것을 느끼게 될 겁니다.

아무리 화가 났더라도 그를 진심으로 사랑한다면, 남들 앞에서 그가 아주 못되거나 못난 사람이 되기를 원하지는

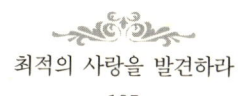

최적의 사랑을 발견하라

않을 것입니다. 은근히 그를 감싸게 되고 갑자기 그의 장점을 끌어다가 문제점들을 포장하게 되겠죠. 즉, 당신이 미처 보지 못했던 그의 빛나는 강점들을 순간 발견하게 되는 것입니다.

이렇게 당신의 남자친구에 대한 시선이 넓어져갈 때, 참으로 고맙게도, 말을 듣고 있던 여자친구가 당신의 남자친구를 향해 적극적인 비난을 퍼부어주면 당신은 슬슬 불쾌해질 것입니다. 분명 친구에게 전화를 걸어 만나자고 했을 때는 친구의 이해를 얻고 그것에서 위로받고 싶었는데 말입니다.

온통 불만에 찬 당신이 더욱 깊은 불만의 세계로 밀어 넣는 친구를 만나면, 오히려 그곳에서 헤어나오고 싶어질 것입니다. 그리고 연인의 진심으로 빛나던 눈빛, 함께 나누었던 사랑의 말들, 지켜야 할 희망에 찬 약속들이 떠오르기 시작합니다.

세상 일이란 참 묘하게도 양면적입니다. 대부분의 일은 단점과 장점을 함께 가지고 있지요. 다만 우리가 한 가지 면만을 보려고 하기 때문에 양면이 다 보이지 않을 때가 있는 것입니다.

이제 찻값을 내고 일어나세요. 시간을 내준 친구에게는 미안하지만, 다음번엔 당신이 친구의 고민을 들어주면 됩니다. 친구에게도 이 아이러니한 이해와 위로가 필요한 시간이 있을 테니까요.

사랑의 믿음이 사라지려 하고 점점 그에게 짜증이 날 때, 당신은 슬기롭게 맞서 강해지길 바랍니다.

♣ 삶을 이기는 멘토
1. 당신은 연인의 맘에 들지 않는 습관 때문에 화를 낸 적이 있나요?
2. 당신은 연인을 화제로 삼아 친구들과 자주 이야기하나요?

권태기를 극복하는 여자의 깜짝선물

데이트가 끝날 무렵 선물을 받으면,
집으로 돌아오고 나서도 그 기쁨이 여전합니다.

연애가 언제나 처음처럼 항상 신선하고 즐거울 수만은 없습니다. 어느 정도 사귀다 보면, 무미건조한 날들이 찾아오기 마련이죠.

만일 그와의 연애에 권태기가 찾아오면, 선물의 비법을 적절히 이용해 보세요.

어느 날 문득 그에게 깜짝선물을 하세요. 생일이나 크리스마스처럼 특별한 날이 아니더라도 말입니다. 깜짝선물은 마치 요리의 향신료처럼, 두 사람의 무미한 관계에 좋은 자극제가 될 것입니다.

선물의 효과를 배가시키기 위해서는 타이밍을 잘 맞추어야 합니다. 만나자마자 기다렸다는 듯이 선물을 내밀지 마세요. 그를 더욱 감동시키기 위해서는, 데이트가 끝날 무렵에 자연스럽게 건네주는 게 좋습니다.

이것은 심리적인 이유와도 연관이 있습니다. 하루에 두 가지 일이 일어났을 때는, 나중에 벌어진 일이 더 기억에 남지요. 깜짝선물을 먼저 받고 기뻐했어도, 식사를 하다보면 선물의 인상이 흐려집니다. 하지만 데이트가 끝날 무렵 선물을 받으면, 집으로 돌아오고 나서도 그 기쁨이 여전합니다. 선물에 대한 애정도 더욱 강해지죠.

혹시 데이트하던 도중에 그에게 선물을 받았나요?

이때는 "열어봐도 돼?"라고 물은 뒤 바로 열어보세요. 그것이 기본 예의입니다. 그는 당신이 선물을 보고 기뻐하는 모습에 보람을 느낄 거예요.

하지만 고맙다고 말하면서, 선물을 테이블 위에 그대로 올려놓는다면? 그는 적잖이 실망할 것입니다. 과연 마음에 들어할까? 불안감을 느낄지도 모릅니다.

설령 선물이 마음에 안 들더라도 환하게 웃으세요. 그리고 색깔이 맘에 든다든가, 어느 부분이 멋지다고 칭찬하세요. 선물이 초콜릿이라면 하나 집어서 먹어보는 것도 좋겠죠?

기쁨을 조금 과장되게 표현하세요. 그 과장된 표현만큼 서로의 마음이 행복해질 것입니다. 선물을 줄 때나 받을 때나 그의 마음을 헤아릴 줄 아는 현명함이 필요합니다.

무엇보다도 당신의 따뜻한 전략이 그에게 꼭 들어맞아서 마침내는 이기는 습관이 됩니다.

♣ 삶을 이기는 멘토

1. 그에게 줄 수 있는 작지만 사랑스러운 깜짝선물엔 무엇이 있을까요?
2. 그의 마음에 쏙 드는 깜짝선물을 하고 싶다면 평소에 그의 취향이나 필요한 물건들을 잘 파악하고 있어야 해요.

최적의 사랑을 발견하라

레티샤의 토마토

"내 꿈은 미시간에 있는 시골 숙모네 같은 집에서 사는 거야. 찬장엔 사과잼이 가득 들어 있고, 마당엔 아이들이 뛰어노는 그런 집 말이야."

여자 친구 레티샤는 가끔 이렇게 말했습니다.

그 시절, 난 그런 얘기들을 그저 귓등으로 흘려듣곤 했습니다. 한창 피가 끓는 스물셋의 청춘이었거든요. 내 멋진 몸매를 보고 따라붙는 여자 애들도 어찌나 많았던지, 그런 하품 나는 얘기를 귀담아 듣기엔 신경 써야 할 일이 너무 많았습니다. 결국 그 사실을 알게 된 레티샤는 마치 따귀라도 갈기듯 내 눈앞에서 세차게 문을 닫고 나가 버렸습니다. 어찌나 세게 닫았던지 페인트칠이 벗겨져 마루에 우수수 떨어질 정도였다니까요.

그땐 미처 몰랐습니다. 하지만 그녀가 떠난 뒤에야 그녀의 소중함을 깨달았지요. 어쨌든 벌써 5년이나 지난 얘기지만 이제야 비로소 난 그녀를 다시 찾아 나섰습니다. 건달 짓도 청산했구요. 그때 그녀가 원했던 것처럼 나 또한 진지하게 인생의 동반자를 찾고 싶어진 겁니다. 그래서 신시내티에서 돌아온 첫날, 그녀에게로 한걸음에 달려갔습니다. 그러나 그녀는 문도 열어주지 않았습니다. 아무 말도 들으려 하지 않더군요.

'그렇다면 행동으로 내 마음을 보여줄 수밖에.'

나는 이렇게 생각했습니다.

그녀의 아파트는 이제 커다란 정원으로 변해버린 공터 맞은편에 있습니다. 나는 그녀의 창문에서 잘 보이는 길가 쪽 땅에 밭을 조그맣게 만들었습니다. 그리고 어린 토마토 묘목을 사 가지고 돌아왔습니다. 레티샤는 토마토를 굉장히 좋아했거든요. 도톰하게 썬 토마토 한 조각만 달랑 올려놓은 빵을 세상에서 제일 맛있는 샌드위치라며 내게도 한번 먹어보라고 권하곤 했습니다.

"먹어봐, 커티스. 정말 맛있어."

그러고는 마치 사과라도 되는 것처럼 한 입 크게 베어 물고는 행복한 표정으로 그 맛을 음미했지요. 그럴때면 또 숙모네 정원에서 갓 딴 토마토로 샌드위치를 만들어 먹던 어린 시절 얘기도 빼놓지 않았습니다.

그녀는 틀림없이 내가 그 모든 걸 다 잊어버렸다고 생각할 거예요. 그렇지 않다는 걸 보여주기 위해서, 나는 그녀의 집 앞에 토마토를 심었습니다. 커다랗고 새빨간 열매들이 가지마다 주렁주렁 열려 있는 그 모습은 꼭 거리의 신호등 같을 거예요. 잘 자라서 그녀의 방 창문을 향해 번쩍번쩍 붉은 신호를 보낼 토마토를 상상하면 무척 즐거웠습니다.

하루가 다르게 토마토 묘목들은 쑥쑥 자랐습니다. 첫 번째 꽃눈이 생기고 노란 꽃들이 피었습니다. 그 다음엔 그 자리에 구슬만 한 토마토들이 달리기 시작했습니다. 이 무

최적의 사랑을 발견하라

렵 토마토가 걸릴 수 있는 각종 병에 대해 귀띔해 주는 이들도 있었습니다.

'만약 내 토마토가 시들어 버리면 어쩌지? 말라죽는 병에라도 걸리면 그런 낭패가 어디 있겠어?'

이것들을 반드시 잘 키워서 그녀에게 내 마음의 붉은 신호를 날려 보내야 할 텐데 말입니다.

매일 퇴근 후엔 곧장 밭으로 달려갔습니다. 잎사귀 사이의 벌레도 잡아내고, 시든 잎도 뽑아 냈어요. '토마토 푸드'라는 비료도 듬뿍 주었습니다. 초록색 작은 구슬만 하던 토마토는 정성을 기울인 덕분인지 별 말썽없이 커 주었어요. 점점 오렌지색으로 변하더니 마침내 빨간색으로 익어가기 시작했습니다.

나는 그녀가 이 모든 과정을 지켜봐 주길 바랐습니다. 그러나 나를 내려다보는 건 대낮부터 술에 취해 있기 일쑤인 동네 건달 녀석들뿐이었지요. 녀석들은 하루 종일 술집 창가에 붙어 서서 혀 꼬부라진 소리로, 이런 따위의 너저분한 말을 늘어놓곤 했습니다.

"어이, 깜씨. 주인마님 농장의 토마토는 잘 되어 가고 있나?"

난 잠자코 일만 했습니다. 토마토를 통해 그녀에게 보여주고 싶은 건 바로 그렇게 변화된 내 모습이었던 거죠.

어느덧 토마토는 당구공만 하게 커졌습니다. 그러던 어느날, 내가 가장 아끼던 가장 큰 토마토 한 개가 없어졌습니다. 그 다음날엔 또 다른 한 개가 사라졌구요. 누군가 훔쳐간 게 분명했습니다. 나는 당장 철사 줄을 사다가 밭

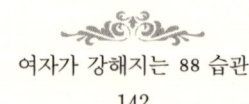

주변에 둘러쳤습니다. 그렇지만 누군가가 맘만 먹으면 손을 뻗어 열매를 딸 수 있는 건 여전했습니다.

땅에 빵 부스러기를 떨어뜨리면 어디서든 새들이 몰려오는 법이지요. 밭도 마찬가지였습니다. 어디에서 왔는지도 알 수 없는 별의별 인간들이 밭 주위로 모여들었습니다. 로이스도 그 중 한 명이었죠. 다만 그 앤 아무도 없는 밤에 슬쩍 와서 밭 주인들이 쌓아놓은 풀 더미에서 잠을 자다가 이른 새벽에 사라지는 겁니다. 열다섯 살짜리 흑인 소년인 그 애는 그 시절의 나처럼 체격이 건장했습니다. 처음 그 애를 본 날, 얼굴이 퉁퉁 부어 있었는데 아버지에게 두들겨 맞고 쫓겨났다는 것이었습니다.

"다시는 집으로 돌아가고 싶지 않아요."

로이스는 볼멘소리로 말했고, 나는 아르바이트 하나를 제안했습니다.

우선 푹신푹신한 새 침낭을 그 애에게 사주고 일주일치 식비도 건넸습니다. 토마토 밭 가까이에 잠자리도 마련해 주었는데 그곳은 옥수수 잎이 시야를 가리는 아늑한 곳이었지요. 그 다음에는 건초용 갈퀴를 사다가 그 애의 손에 쥐어주었습니다.

"어떤 놈이든 내 토마토에 손을 대려 하면 겁을 줘서 쫓아버려. 알았지, 로이스?"

그 애는 고개를 끄덕였습니다.

자, 이것으로 나의 토마토를 안전하게 지킬 수 있게 되었습니다. 빨간 신호등이 되어 레티샤의 창문을 밝혀 줄 그날까지 말이에요. 나는 로이스가 없는 낮 동안에도 안심

최적의 사랑을 발견하라

할 수 있게 '레티샤의 토마토'라고 크게 쓴 팻말을 밭머리에 세워 놓았습니다. 말하자면 하나의 '실명제' 작전인 셈이죠.

팻말을 단단하게 고정시켜 놓은 다음, 나는 밭에 줄 물을 뜨러 잠시 자리를 비웠습니다. 돌아오는 길에 버릇처럼 레티샤의 창문을 올려다보았지요. 그런데 그곳에 그녀가 있었습니다. 레이스 커튼 뒤로 몸을 숨긴 채 고양이처럼 고요히, 그러나 뚫어지게 나의 팻말을 응시하며, 사랑하는 그녀가 그곳에 서 있었습니다.

플라이시만

5
여자가 이기는 88 습관
똑똑하고 강하게 사랑하라

당신은 사랑의 갖가지 문제로 헤매고 있습니까?
여기 당신의 모든 사랑의 문제를 해결할
유능한 상담사가 대기하고 있습니다.
망설이지 말고 이 책을 열고 들어오십시오.

여자는 누구나 사랑의 밀어에 쉽게 속아 넘어간다. 그렇게 잘 속는 데는 이유가 있다. 연인이 자신을 높게 평가하고 있다고 스스로 생각하기 때문이다.

남자들이 어떻게 자신을 속이는지 보라. 그것이 바로 당신 연인의 모습이다. 그들은 남이 저지른 사랑의 범죄는 추하게 여기는 반면 자신의 범죄는 별 게 아니라고 생각한다.

여자는 물이고, 남자는 불인가

**남자와 여자, 아무리 긴 시간이 흐른다 해도
평행선을 달리는 연인일 뿐입니다.**

왜 이렇게 표정이 어둡나요? 남자친구와 그만 헤어져야 할 것 같다고요? 잠시 마음을 가다듬고, 이제부터 내가 하는 얘기를 잘 들어보세요.

"남자는 불, 여자는 물이에요. 둘은 그만큼 생각이나 감성, 행동까지 전혀 다른 존재입니다. 그러므로 서로를 이해하기 위해선 노력이 필요해요. 자신의 감정을 상대에게 말로 표현하고, 자신의 말을 어떻게 받아들일지를 꼼꼼히 헤아려야 한답니다."

당신은 왜 수많은 남녀가 지금 이별의 눈물을 흘리고 있다고 생각하나요? 왜 서로 사랑해서 불붙던 가슴들이 금세 냉정해진 걸까요? 무엇이 그들에게 부족했던 걸까요? 사실 많은 연인들이 똑같은 벽에 부딪쳐서 고민합니다. 그것은 사랑의 패배를 부르는 좋지 않은 습관 때문입니다.

바로 서로의 차이를 이해하지 못하는 것입니다. 여자는 여자의 논리로 문제를 해결하려 하고, 남자는 남자의 논리로 여자를 대하고 있는 것이지요. 아무리 긴 시간이 흐른다 해도 둘의 팽팽한 평행선은 맞닿을 수 없을 거예요. 문제는 결코 해결되지 않겠지요.

똑똑하고 강하게 사랑하라

당신은 어떤 연인을 원하나요? 많은 사람들이 마음을 기 댈 수 있는 상대를 찾습니다. 그런데 오히려 서로에게 완전히 지쳐버릴 때가 허다합니다. 더 이상 실망하거나 화내고 싶지 않다면 자, 기억하세요.

'그와 나는 달라. 그는 불이고 나는 물인걸.'

이 점을 먼저 이해하세요. 그에게 바라는 것이 있다면, 그에게 알리고 싶은 것이 있다면, 그의 가슴에 정확히 꽂힐 수 있도록 당신의 솔직한 마음을 전하세요.

♣ 삶을 이기는 멘토

1. 당신은 그와 어쩌다 다투기도 하나요?
2. 다투고 나면 누가 먼저 손 내밀어 화해하나요?

격려 받고 싶은 남자, 위로 받고 싶은 여자

남자는 문제를 문제로 인정하지 않습니다.
남자는 상대의 능력을 인정해줍니다.
남자는 하고자 하는 마음을 중요시합니다.

남자에게 고민 상담을 해봤던 여자라면 한번쯤은 후회한 경험이 있을 것입니다. 말도 제대로 들어주지 않으면서 설교만 늘어놓고, 무슨 그런 일로 고민하냐며 문제를 가볍게 여기기까지 하기 때문입니다.

그런데 남자 역시 마찬가지입니다. 고민하는 그녀를 위로해 주다가 기분만 상하는 경험을 하곤 하죠. 갖은 정성을 다해 격려를 해주지만 자기 의견이나 충고에 감사해하기는커녕 듣지도 않으니 불만스럽습니다.

이런 일이 몇 번 거듭되다 보면 여자는 남자에게 상담을 해도 소용이 없다고 생각하고, 반대로 남자는 여자의 고민에 별로 관여하고 싶지 않다고 생각하게 됩니다. 대체 왜 이런 일이 일어나는 것일까요? 남자와 여자는 서로를 결코 이해할 수 없는 것일까요? 아닙니다. 문제의 원인만 알면 서로를 충분히 이해할 수 있습니다.

남자와 여자는 각각 '격려'와 '위로'라는 확실한 차이를 보입니다. 먼저, 남자는 다음과 같은 말을 자주 씁니다.

"괜찮아."

똑똑하고 강하게 사랑하라

"어떻게든 될 거야."

"너라면 잘할 수 있어."

이를 정리하면 남자의 세 가지 이해의 습관을 알 수 있습니다.

첫째, 남자는 문제를 문제로 인정하지 않습니다. 그래서 뭐 그리 대단한 일도 아니다, 과장해서 생각한 것이다, 문제랄 것도 없다, 고민할 정도는 아니다 같은 식으로 격려합니다.

둘째, 남자는 상대의 능력을 인정해 줍니다. 너라면 그런 문제는 간단히 해결할 수 있다는 식으로 말입니다.

셋째, 남자는 하고자 하는 마음을 중요하게 생각합니다. 그래서 하려고 마음만 먹으면 고민은 금방 사라진다고 이야기합니다.

이 세 가지 메시지를 섞어가면서 상대를 격려하는 것이 그들의 스타일입니다.

하지만 여성에게는 상대의 아픔과 고민을 '이해'하고, '함께 나눈다'는 식의 위로가 필요합니다. 이렇게 말이죠.

"나도 그 기분 알아."

"맞아."

"힘들었겠다."

'공감'의 힘으로 상대의 마음을 어루만져 주는 것입니다.

상대에게 구체적인 도움을 줬다거나 고민의 내용을 깊이 아는 것도 아닙니다. 그러나 그런 것은 중요하지 않습니다. 여자는 상대가 이렇게 공감만 해줘도 자기 고통을 알아주어 고맙다고 느끼고, 안심합니다.
　'내 힘든 마음을 아는 사람이 있어.'
　이 생각만으로도 충분히 만족하는 것입니다.
　격려하고 위로하는 데 이런 남녀의 습관의 차이가 있음을 꼭 기억하세요. 그는 진심으로 당신이 고민으로부터 헤어 나오기를 기대했다는 걸 믿으세요. 그래야 이성과 고민 상담을 할 때 오해나 불만이 생기지 않습니다.

♣ 삶을 이기는 멘토
1. 남자는 여자의 섬세한 감정을 배려하는 데 서투릅니다.
2. 여자는 남자를 칭찬하고 격려하는 데 무심합니다.

남자는 "가르쳐 줘!" 이런 말을 못한다

남자의 허세를 그냥 가볍게 받아 넘기세요.
남자가 강한 척하는 까닭은
자신의 약한 모습을 보이고 싶지 않아서입니다

"그 일, 다음 달까지 끝내기는 좀 무리 아냐?"
"아니, 괜찮아!"
"힘들 것 같은데, 내가 좀 도와줄까?"
"괜찮아. 나한테 맡겨."
　남성은 여성이 도움의 손길을 내밀어도 이런저런 이유를 대며 거부하기만 합니다. 무리하지 말고 도움을 받으면 될 일을, 왜 솔직하게 부탁하지 못하는 것일까요?
　남성의 이런 강박적이기까지한 허세는 미련해 보일 뿐만 아니라 이상하게 여겨지기까지 합니다. 그러나 꼭 그렇게 나쁘기만 한 것은 아닙니다. 바보스러운 이 성향이 이상을 추구하는 에너지원이 되기 때문입니다. 약점을 극복하고 강점으로 변화시키는 작용을 해서 '나도 할 수 있다!'는 자신감을 회복시키고, 앞으로 나갈 수 있게 하는 것이죠.
　물론 지나친 허세는 종종 단순히 꼴불견이라는 수준을 넘어 타인에게까지 악영향을 미치기도 합니다. 또 허세를 부리다 보면 결과적으로 주변을 차단하게 되기 때문에 자기라는 틀 속에 갇혀버리기도 합니다. 변화해야 한다는 사실을 알면서도 그것을 받아들이지 못하는 것이죠. 그러나 변화하지 않으면 성장도 없습니다.

이런 면에서 보면 여성이 꽤 유리합니다. 여성은 도움이 필요하면 도와달라고 솔직하게 말하고, 실수했을 때는 미안하다고 사과하고, 가르침을 받고 싶으면 솔직하게 이해를 구하는 데 어려워하지 않으니까요. 이로써 문제를 신속하게 해결하고, 새로운 지식이나 경험을 다양하게 흡수하여 보다 빨리 성장할 수 있습니다. 더욱이 시대의 변화에도 유연하게 대응할 수 있죠. 참으로 자유롭고 신선한 여성만의 이기는 습관이지요.

그렇다고 남성의 허세를 전부 부정할 생각은 추호도 없습니다. 다만 무리하면서까지 허세를 부리다 결국 일이나 인간관계에 금이 가고, 마음의 병이 생기기까지 자기를 몰아넣는 일은 피해야 한다는 것입니다. 그들이 조금씩이라도 괜찮으니까 자기의 '약함'을 표현할 수 있는 '강함'을 가졌으면 합니다. 단순한 말이 솔직하게 나오기만 하면 될 텐데요. 괴롭다, 슬프다, 아프다, 이 한 마디면 충분할 텐데요.

그렇다면 여성으로서 이런 강한 척하는 남성을 어떻게 다루어야 할까요? 이해하기 어렵더라도 그의 허세를 직접적으로 비난하거나, 바보 같다고 힐책하는 것은 좋은 방법이 아닙니다.

"왜 그렇게 강한 척하는 거야, 솔직하게 도와 달라고 말하면 되잖아!"

당신이 이렇게 책망하면, 남자가 과연 순순히 한 발자국

똑똑하고 강하게 사랑하라

물러서며 "그렇지? 그럼 도와줄래?"라고 대답할까요?

그렇게 말할 확률은 거의 제로에 가깝습니다. 대신 돌아오는 것은 거절과 거부이며, 한층 더해진 허세뿐입니다. 약점을 보이고 싶지 않아서 강한 척하고 있는데 그것을 낱낱이 지적당하다니, 남성에게는 실로 최악의 사태 아닐까요? 그는 약점을 감추기 위해 더 견고한 벽을 쌓고, 상대의 침입을 저지하려고 나올 것입니다.

그러면 도대체 어떻게 해야 할까요? 먼저, 강한 척하는 남성의 이면에 있는 '약함'을 받아들여야 합니다. 그렇다고 약한 척해도 괜찮다고 말하라는 것은 아닙니다. 바로, 남자의 허세를 모르는 척하거나, '이 사람은 강한 척하느라 본심이 아닌 걸 말하고 있어'라고 묵인하고 받아들이라는 것입니다.

남자가 강한 척을 하는 까닭은 약한 모습을 보이고 싶지 않고, 지적당하기 싫어서입니다. 그가 허세를 부릴 때 상대에게 바라는 바는 자기를 그냥 내버려두라는 것입니다.

당신은 그냥 가볍게 받아 넘기세요. 아니면 잠시 그대로 두는 것도 좋겠죠. 그렇게 다정하게 감싸 안으면 그의 완고함은 봄눈 녹듯 사라질 것입니다.

♣ 삶을 이기는 멘토

1. 남자들은 왜 강한 척을 잘할까요?
2. 남자들은 왜 자주 자존심을 고집할까요?

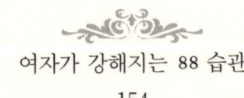

여자가 강해지는 88 습관

남성이 이해하지 못하는 여성의 한 마디

자기 앞에서 다른 남성을 칭찬하는 여성을
남성은 이해하지 못합니다.

누구나 잘하는 것과 못하는 것이 있습니다. 여성이든 남성이든 예외는 없습니다. 그런데 자신이 못하는 일을 다른 누군가가 쉽게 해낸다면? 아무래도 의기소침해지겠죠.

특히 자존심이 강한 남성에게는 치명타입니다. 게다가 좋아하는 여성이 자기 앞에서 그 남성을 칭찬한다면, 더욱 큰 상처를 입게 됩니다.

애인 앞에서 다른 남성을 함부로 칭찬하지 마세요. 특히 애인의 열등감을 자극할 만한 이야기는 금물입니다.

예를 하나 들어볼까요? 한 남성이 직장의 여자 후배를 좋아한다고 해보죠. 그는 늘 후배의 일을 열심히 도와주었습니다. 그런데 어느 날 후배가 이렇게 말합니다.

"○○이란 회사에 다니는 사람이 해준 이야기인데요. 어떤 남자가 글쎄, 정리해고 당한 여자 후배의 일자리를 찾아줬대요. 그 남자 정말 대단하지 않아요?"

무슨 미담처럼 그런 이야기를 들려주는 그녀. 그렇다면 지금 그녀 눈앞에 있는 선배는 별로 대단치 않다는 뜻일까요?

대체로 남성은 자신이 해낸 일을 제대로 자랑하지 못합

똑똑하고 강하게 사랑하라

니다. 물론 자랑하고 싶은 마음은 있죠. 하지만 자기 입으로 자신의 성과를 밝히는 일에는 상당히 서투릅니다. 자기 자랑은 아무래도 볼썽사나우니까요.

그들은 누군가가 자신을 칭찬해주길 바랍니다. 특히 좋아하는 여성에게 이런저런 호의를 베풀며 언젠가는 자신의 존재를 알아주리라 기대합니다.

그런데 그녀가 기대를 배반하고 다른 남성을 칭찬한다면 어떨까요? 마치 그녀가 자신의 가치를 부정하는 것 같은 기분을 느낄 것입니다.

아마 그녀에게 나쁜 뜻은 없었을 겁니다. 남성도 물론 그 사실을 알고 있습니다. 하지만 머리로는 이해해도 마음으로는 납득하지 못하죠. 여성의 잘못이 아니라는 걸 알면서도, 괜히 속상한 마음을 감추지 못합니다.

"다른 남자를 칭찬했다고 그걸 신경 쓰다니, 정말 소심한 남자네."

이런 소리를 들어도 어쩔 수 없습니다. 자기 앞에서 다른 남성을 칭찬하는 여성에게 대다수의 남성들은 발끈하게 되죠. 여성이 무심코 던진 한 마디가, 남성의 가슴에 비수처럼 꽂힐 수도 있다는 걸 기억하세요.

남성 앞에서 다른 남성을 칭찬하고 싶을 때는, 상대를 조금만 더 배려하는 습관을 들이세요.

"○○씨는 정말 예의바른 사람 같아. 꼭 당신처럼."

이렇게 '당신처럼'이라는 말을 덧붙이는 건 어떨까요? 당신의 감각적인 배려가 큰 효과를 거둘 것입니다.

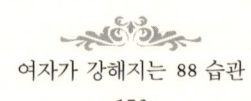

♣ 삶을 이기는 멘토

1. 혹시 그 앞에서 다른 남자를 칭찬하는 실수를 범한 적이 있나요?
2. 그가 당신 앞에서 다른 여자를 칭찬할 때, 당신의 기분은 어땠나요?

똑똑하고 강하게 사랑하라

마음에 품어온 이상형 남자는?

그를 만났던 그때 고백했더라면,
그의 마음을 바로 확인할 수 있었을 것입니다.

30대에 들어선 한 여성의 이야기입니다.

그녀는 온 가족들로부터 선을 봐라, 빨리 결혼 상대를 찾아라는 말에 시달리며 마음에 큰 부담감을 느끼고 있었습니다. 하지만 아무래도 선은 내키지가 않았습니다. 실은 몇 년 전부터 마음에 둔 사람이 있었던 것입니다.

그 사람은 매우 먼 곳에 살며, 여행 중에 알게 되어 사이가 좋아진 상대였습니다. 그런데 놀랍게도 그 상대는 내 친구였습니다. 물론 그녀도 그것을 알고 있었습니다. 그녀는 자신의 마음을 누구에게도 말하지 않고, 마음속에서만 사랑을 키워나갔던 것입니다.

서로 연락을 하는 것도 아니고, 이메일을 주고받는 것도 아니었습니다. 그렇지만 그가 진정한 운명의 사람이라면, 저절로 그와 자신이 맺어지리라고 그녀는 믿고 있었습니다. 그런 어리석은 믿음을 움켜쥐고 그녀는 다른 이의 고백도 거절하며, 선도 보지 않았다고 합니다.

그 이야기를 들었을 때, 나는 그녀가 이런 마음을 더 빨리 털어놓지 않은 것이 너무나 안타까웠습니다. 왜냐하면 그에게는 따로 사귀는 여성이 있었으니까요.

그로부터 얼마 후, 남자는 사귀던 여성과 결혼하였습니다. 그녀의 기대는 맥없이 무너져 내린 것입니다. 그녀는 크게 낙담하였습니다. 오랜 시간을 기다렸던 만큼 그녀의 충격은 무척 컸던 것입니다.

그를 만났던 그때 고백했더라면, 아니 좀더 빨리 털어놓기라도 했더라면 그의 마음을 바로 확인할 수 있었을 텐데…….

이상형과 꼭 맞는 사람을 마음에 품는 것은 자유입니다. 하지만 오랫동안 아무것도 하지 않고 기다리고만 있는 것은 문제입니다. 연애란 서로의 마음이 교류하는 것입니다. 이 당연한 논리를 이해하지 못했던 것은 연애를 바라보는 그녀의 바보 같은 습관 때문입니다.

♣ 삶을 이기는 멘토
1. 당신은 이상형의 남자를 가슴에 품어본 적이 있나요?
2. 이상형 남자가 결혼하던 날, 당신은 마음이 아팠나요?

똑똑하고 강하게 사랑하라

진심이 무시당할 때는 어떻게 할까요?

사랑하는 남자에게 고백한다는 것은
자신의 안목을 시험하는 일이기도 합니다.

우리는 직장에서 거의 하루의 절반을 보내다시피 합니다. 좁은 사무실에서 함께 일하다보면 갖가지 일들이 생기지요. 어느 날 문득 사랑이 찾아오기도 합니다. 그건 흔히 있는 일입니다. 함께 일을 하거나 서로 격려하다 보면 연애감정이 싹트기 쉬우니까요.

그런데도 감정을 솔직히 고백하기가 그리 만만치 않습니다. 상대가 상사이거나, 또는 동료나 후배일 때도 무척 망설이게 되지요. 가장 큰 문제는 일에 지장을 줄 수도 있다는 것입니다.

그러나 마음을 전하는 것은 멋진 일입니다. 살며시 편지나 이메일로 고백하세요.

다만 혹시라도 채였을 경우를 대비해서 세심하게 궁리해야 합니다. 함께 일을 계속해야만 하기 때문이죠.

만약 대답이 No라면, 이렇게 한 마디 덧붙이세요.

"아무 일도 없었던 걸로 하고 잊어 주세요."

그렇게 부탁했는데도 주위에 소문이 퍼지거나 농담거리가 된다면, 그것은 당신에게 남자를 보는 안목이 없었다는 증거입니다.

사랑하는 남자에게 고백한다는 것은 자신의 안목을 시험하는 일이기도 합니다. 상대의 반응에 따라 정말로 멋진 남자인지, 그렇지 않은지를 확실히 알 수 있으니까요.

대답이 No일 경우에 비밀을 지켜 준다든지, 살며시 "미안해요"라고 말해 준다든지 하면, 당신의 남자 보는 눈은 확실한 것입니다. 사랑은 꽃피지 못했지만, 자신을 칭찬해 주세요.

만일 회사 안에 소문이 퍼지거나, 일이 힘들어지거나, 주위 동료들이 재미삼아 놀리거나 한다면 그런 회사를 선택한 당신의 눈이 잘못되었다는 얘기입니다.

아니면 파장의 법칙에 의해 당신에게도 마찬가지로 남의 진심을 야유하는 구석이 있지 않은지, 반대로 비웃거나 놀림의 대상이 되기 쉬운 마음 약한 데가 있지 않은지 자신을 돌아보는 계기로 삼으세요.

인생의 모든 경험은 당신에게 필요한 공부입니다. 그 경험들을 통해 지혜를 쌓으세요. 그리고 용기를 갖고 행동하길 바랍니다. 그 용기가, 당신에게 강해지는 습관을 만들어줄 것입니다.

♣ 삶을 이기는 멘토
1. 당신의 남자 보는 눈은 어느 정도인가요?
2. 당신은 직장에서 남자 직원 때문에 부끄러움을 당한 경험이 있나요?

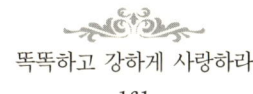

똑똑하고 강하게 사랑하라

착한 여자 콤플렉스에서 벗어나기

당신이 약한 모습을 보이며 부탁을 해 오는 순간,
남자는 꼬리를 내리고 도망갈지도 모릅니다.

능력도 있고 성격도 좋아 누구에게나 인정받는 여성들이 있습니다. 그녀들은 언제나 주위 사람들을 잘 챙기기 때문에 친구도 많습니다. 하지만 남자 운만은 이상하게 없습니다. 왜일까요?

그녀들의 공통점은 좋아하는 남자에 대해서만은 왜 그런지 눈이 어둡다는 것입니다. 주위에서 아무리 그녀의 연인에 대해 충고를 해주어도 귀를 기울이지 않습니다. 그리고 이렇게 말하죠.

"그 사람, 정말 좋은 남자야. 너는 그 사람에 대해 잘 모르잖아!"

"그 사람한테는 내가 필요해."

"그는 내가 어떻게든 해주지 않으면 안 돼."

분명 모성애가 강하고, 속마음이 따뜻한 여성입니다. 하지만 이런 여자를 이용하는 남자들이란 빚더미에 앉아 있거나, 다른 여자에게 푹 빠져 있거나 할 뿐이죠.

만약 당신이 이런 착한 여자 콤플렉스에 빠진 타입이라면, 지금 당장 당신의 연인에게 무엇이든 부탁해 보세요. 그가 당신의 여린 마음을 이용하려던 나쁜 남자였다면, 당신이 약한 모습을 보이며 부탁을 해오는 순간, 꼬리를 내리고 도망갈 것입니다.

그녀들이 남자 운이 없는 건 당연합니다. 남자는 어떤 시련에도 혼자서 꿋꿋이 살아갈 수 있을 것 같은 늠름한 여성에게는 보호본능을 드러내지 않기 때문이죠.

당신이 그를 위해 희생을 감내한다고 그가 당신을 사랑할까요? 사랑받고 싶다면 그의 어깨에 고개를 기대세요. 그리고 그가 당신을 위해 무언가를 할 수 있도록 부탁해보는 것입니다.

착한 여자 콤플렉스에 빠져 사는 것은 불행한 습관만을 들일 뿐입니다.

♣ 삶을 이기는 멘토
1. 그를 향한 사랑의 화살이 빗나가 희생으로 향하고 있지는 않나요?
2. 그를 위한 애틋한 희생의 감정을 잠시 접어두세요. 사랑 받은 후에 베풀어도 늦지 않습니다.

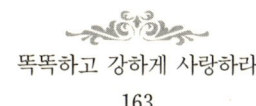

똑똑하고 강하게 사랑하라

비밀 없는 연인 사이의 함정

속옷은 몸의 은밀한 부분을 가리기 위해서 입지만
그 부분을 더욱 돋보이게 하기 위해서 입습니다.

가끔씩 어린 후배들은 이런 얘기를 합니다.
"나와 내 남자친구 사이에는 비밀이 하나도 없어요."
행복감과 신뢰감이 듬뿍 담긴 얼굴로 이런 말을 하는 후배들을 볼 때면 가슴 한편이 답답해집니다. 정말 이 세상에 자신의 모든 것을 공유할 수 있는 사랑이 있을까요?
우리는 연애를 하면서 아주 많은 것들을 선택해야 합니다. 선택의 순간은 언제 찾아올지 모르고, 또한 매우 중요해서 그 결과를 예상하기도 어렵습니다.
연인과 대화를 나누면서 아빠의 품과 같은 믿음직스러움을 느꼈나요? 하지만 언제나 조심해야 합니다. 연애를 시작하며 감추어 두었던 지난 사랑에 관한 이야기나 흠이 될 만한 과거사를 풀어놓지는 마세요. 특히 남자 쪽에서 자꾸만 화제로 삼는 이야기가 있다면 더욱 조심하는 게 좋습니다.
'사랑하는 그가 너무 궁금해 하고, 또한 이제는 둘도 없는 사이니까 말해도 되겠지.'
이런 마음으로 애써 감추었던 이야기를 꺼내지 마세요. 언제나 자신이 처음에 왜 얘기하지 않았었는지 그 이유를 기억하는 습관이야말로 사랑에서 강해지는 지혜입니다. 반드시 이야기해선 안 되는 이유가 있었다면, 시간이 지난 뒤에도 안심하지 마세요.

그와 좀 더 오래 싱그러운 연인 사이를 유지하고 싶다면, 그가 모든 것을 너그럽게 받아들이리란 착각은 하지 않는 편이 좋습니다.

♣ 삶을 이기는 멘토

1. 당신은 연인에게 감추고 싶은 비밀이 있나요?
2. 당신은 연인의 과거가 궁금한가요?

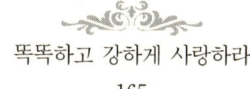

똑똑하고 강하게 사랑하라

물어봐! 날 정말로 좋아하나요?

그의 마음이 진심인지 아닌지를 걱정하기 전에,
당신의 마음이 진심인지 아닌지가 문제입니다.

"나와의 관계 진심이야?"
"난 당신에게 뭐야?"
여자는 자꾸만 불안해집니다. 좋아하는 그와 사귀기 시작한 지 3개월. 처음에는 자주 만났지만, 언제부턴가 데이트는 일주일에 한 번이 되고 열흘에 한 번이 되었습니다. 여자는 더 자주 만나고 싶습니다. 결국 어젯밤 통화에서 이렇게 묻고 말았습니다.
"날 정말로 좋아하는 거야?"
그러자 그가 반문합니다.
"무슨 소리야?"
여자는 조금 뽀로통해져서 입을 다뭅니다.
남자는 귀찮다는 듯이 내뱉습니다.
"다 알면서 왜 그래?"
하지만 여자는 알지 못합니다. 일이 바빠서 그런지 그의 전화 목소리까지 무뚝뚝합니다. 간신히 일주일만의 데이트, 말하지 않고는 배길 수가 없습니다.
"나와의 관계 진심이야?"
"또 무슨 소리야? 요새 왜 그래?"

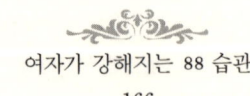

여자가 강해지는 88 습관

여자는 불만이 가득합니다. 그리고 자기도 모르게 발끈하여 분노를 터뜨리고 맙니다.

"난 당신에게 도대체 뭐야?"

여자는 화가 나서 속이 부글부글 끓습니다. 어떻게 해서든 그와의 관계를 한걸음 전진시키고 싶은데, 그런 마음이 그에게는 도무지 닿지 않습니다.

당신은 연애를 발전시키는 것이 무어라고 생각하나요?

어쩌면 당신은 두 사람이 이윽고 결혼에 골인하는 것이 이상적인 연애라고 생각할지도 모릅니다. 그래서 남자의 대답을 구하며 "날 정말로 좋아하는 거야?" 하고 다그치는 것이죠. 그의 "진심이야"라는 말이 듣고 싶은 것입니다.

연애는 어디까지나 주체적인 감정에서 출발합니다. 그의 마음이 진심인지 아닌지를 걱정하기 전에, 당신의 마음이 진심인지 아닌지를 먼저 생각해보세요.

당신은 그에게 너무 의존하고 있지 않나요? 그의 것이 되고 싶고, 그를 자신의 것으로 만들고 싶어 안달을 부리는 건 아닌가요? 그러나 사람이 사람을 소유하는 건 환상이지 현실에는 없는 일입니다. 자신의 마음조차 자기 마음대로 되지 않는데, 하물며 그의 마음을 당신이 조종할 수는 없습니다.

멋진 관계는 각각이 홀로 서 있어야 가능합니다. 당신의 세계를 원에 비유하면, 당신의 원과 그의 원의 일부분이 겹쳐져서 하모니를 연주하는 것입니다. 두 개의 원이 완벽하게 겹쳐지는 일은 없습니다. 겹쳐지지 않은 부분이 각자의 세계를 운영합니다. 멋진 것은 겹쳐진 일부분에서 발생

하는 기쁨과 에너지와 신비한 힘의 작용입니다. 그 연애의 마술이 두 사람의 세계 전체를 풍요롭고 건강하게 키우는 것입니다.

♣삶을 이기는 멘토
1. 당신은 어느 때 그의 사랑을 의심하나요?
2. 당신은 어느 때 그로부터 사랑을 확인받고 싶나요?

남자의 부드러운 거짓말

요즘 남자들은 상처 받는 것을 매우 두려워합니다.
여자를 울리는 나쁜 역할을 맡을 배짱도 없지요.

남자는 마음에 드는 이성을 만났을 때 어떻게 해서든 그녀를 유혹해서 자기를 좋아하게 만들려고 노력합니다. 거기까지는 괜찮습니다. 그런데 문제는 헤어질 때입니다.

남자는 왠지 애인이 부담스럽게 느껴지기 시작합니다. 가능하면 헤어지고 싶다고 생각합니다. 그러나 그녀는 쉽사리 응해 줄 것 같지가 않아 망설여집니다.

'헤어져 달라고 말했다가는 아마도 울고불고 야단이겠지, 내가 나쁜 놈 같잖아…….'

요즘 남자는 자기가 상처 받는 것을 매우 두려워합니다. 여자를 울리는 나쁜 역할을 맡을 배짱도 없지요.

그래서 도저히 얼굴을 마주하고 이렇게 직접적으로 말하지 못합니다.

"네가 싫어졌어."

"미안해. 딴 여자가 생겼어."

"우리 헤어지자."

단지 이상야릇한 말들만 연발하며 여자를 혼란스럽게 만들 뿐입니다. 말하자면 부드러운 거짓말을 하는 것이지요.

그가 갑작스럽게 "잠시 생각할 시간을 갖자"고 제의한다

똑똑하고 강하게 사랑하라

면 당신은 어떻게 할 것인가요? 그것이 문자 그대로 머리를 식히는 기간이고, 그 시기가 지나면 다시 사이가 회복될 수 있을까요? 아니면 그대로 결말을 향해 치닫는 것을 의미할까요?

이제 그에게서 조금씩 멀어지는 연습을 하세요. 그의 마음은 이미 당신에게서 멀리 달아난 듯합니다. 미련을 갖고 매달리는 습관은 당신을 더 초라하게 만들 뿐이지요.

♣ 삶을 이기는 멘토
1. 남자들은 어떻게 이별을 준비할까요?
2. 당신은 그의 '이별선언'을 어떻게 받아들이나요?

사랑을 접어야 할 때도 있다

**한쪽의 일방적인 노력으로 유지되는 관계는,
그 사람이 지쳐서 나가떨어지는 순간 끝나버립니다.**

그의 마음이 떠날까 봐 두렵나요? 그를 생각할 때마다 불안이나 의심에 휩싸이거나, 부자연스러운 거리감이 느껴지나요? 만약 그렇다면, 그 원인이 연애에 대한 불신 때문인지 아닌지를 따져보세요.

당신과 그가 둘 다 연애 자체를 불신하고 있다면, 두 사람의 관계는 제대로 발전하지 못합니다. 아무리 노력해도 어쩐지 붕 뜬 느낌이 들지요.

설령 애인이라고 해도, 타인을 자신의 세계에 들이지 않는 배타적인 사람도 있습니다. 타인의 헌신을 받아들이지 못하는 경우죠.

또는 남이 자신을 위해 헌신하는 것을 당연하다고 여기는 사람도 종종 있습니다. 그런 사람은 당신의 노력에 만족하지 못합니다. 어느새 점점 멀어지는 걸 느끼게 될 것입니다.

지금 점점 멀어져 가는 그의 마음을 억지로 붙들고 있는 건 아닌가요? 자신을 희생하여 그를 붙잡아도 소용없습니다.

연애는 동등한 위치에서 서로 사랑할 때 성립합니다. 균

똑똑하고 강하게 사랑하라

형이 무너져서, 한 사람만 필사적으로 노력하는 관계를 연애라고 불러선 안 됩니다. 그의 마음이 당신을 떠날까 봐 두려워하는 것은, 이미 그럴 징조가 보인다는 뜻입니다. 당신의 예감을 무시하지 마세요. 그렇게까지 당신이 희생해 가며 매달려야 하는 상대인지, 거듭 생각해보세요. 당신을 사랑해주지 않는 사람을 굳이 곁에 두려는 이유가 무엇인가요? 오히려 자신을 불행하게 만들 뿐입니다. 그러니 멀어져가는 상대의 마음을 강제로 붙잡지 마세요.

당신은 좀 더 행복해질 수 있는 여성입니다. 강하게 마음먹고, 낡은 사랑은 이제 놓아버리세요. 연애에서 패배하기 전에 미리 이별을 선택하는 것입니다.

♣ 삶을 이기는 멘토

1. 사랑을 단념해야 할 상황은 어떤 경우일까요?
2. 끝까지 그를 놓치고 싶지 않다면, 당신은 어떤 것들을 희생해야 할까요?

나에게 최고의 남자란?

**당신의 지적 수준이 높아지면,
당신이 생각할 수 있는 최고의 남자도 변합니다.**

실연의 충격에서 헤어나지 못하는 이유는 누가 뭐래도 아직 그 사람이 좋기 때문입니다. 헤어진 애인보다 더 멋진 사람은 없고, 그 사람과 맺어지면 반드시 행복해졌으리라 생각하는 것이죠. 하지만 정말 그럴까요?

지금 최고의 남자라고 생각하는 그 사람이, 시간이 지나도 여전히 최고의 남자일지 냉정히 생각해보세요. 그런 사람은 앞으로 두 번 다시 만날 수 없다고, 그보다 더 멋진 사람이 있을 리 없다고 단정 지을 수 있나요?

섣불리 미래를 점치지 마세요.

지금 당신이 생각하는 최고로 멋진 사람이란, 현재 수준에서 생각할 수 있는 최고의 사람입니다. 앞으로 당신의 수준이 높아지면, 당신이 생각할 수 있는 최고의 사람도 변할 것입니다. 실제로도 더 멋진 사람을 만날 수 있겠지요. 자신의 수준이 올라가면, 그에 걸맞은 사람이 반드시 나타납니다. 아마 그때쯤 고개를 끄덕이며 이렇게 말할 것입니다.

"그때 내가 생각했던 절대적인 행복이란, 실은 턱없이 소박했구나."

똑똑하고 강하게 사랑하라

수준이 높아지면 원하는 것도 달라지기 때문입니다.

차라리 헤어지길 잘했다고 생각할지 모릅니다. 이는 세월이 실연의 상처를 덮어주었기 때문이 아니라, 진심으로 다행이라고 깨닫게 되는 것이죠. 당신이 그만큼 크게 성장했다는 뜻입니다.

실연했다면 마음을 가라앉히고 차분히 생각해보세요.

'내가 지금보다 수준 높은 사람이 되면, 더 멋진 남자를 만날 수 있을 거야. 지금 이 남자에게 집착할 필요 없어!'

이런 마음의 메시지가 들릴지도 모릅니다.

♣ 삶을 이기는 멘토
1. 당신은 지금 실연의 아픔을 겪고 있나요?
2. 당신이 성공하면, 지금 그보다 더 멋진 남자를 만날 수 있습니다.

실연의 아픔을 어떻게 치유할까?

연애를 포함한 모든 인간관계에서
어느 한쪽만이 나쁜 경우는 없습니다.

너무나 사랑했던 사람이 냉정하게 돌아서버리면, 그 슬픔이란 이루 말할 수 없습니다. 이별의 방식이 어찌나 가혹했는지 여간해선 다시 일어설 수가 없는 사람도 있죠.

실연의 아픔을 극복하지 못하고 있다면, 다시 떠올리고 싶지 않더라도 어째서 실연이 커다란 상처가 되어버렸는지 한번 생각해보세요. 모든 것이 당신의 의지였다고 생각하는 강건함과 당당함이 있으면 상처가 되지 않을 것입니다.

반대로 모든 것을 그의 탓으로 돌리거나, 당신이 한 일을 스스로 책임지지 않으려 하면 언제까지나 잊지 못해 욱신욱신 상처가 곪기 십상입니다. 패배의 습관이 작동하는 것이죠. 중요한 것은 그의 탓으로 돌리지 않는 태도입니다. 모든 것은 당신의 책임입니다.

가혹하게 헤어진 것은 결코 그의 잘못만이 아닙니다. 연애를 포함한 모든 인간관계에서 어느 한쪽만이 나쁜 경우는 없습니다.

'나의 어떤 점이 좋지 않아서 이런 이별이 찾아온 것일까? 그 사람에게 너무 매달렸기 때문일까? 반대로 무관심했기 때문일까? 또는 단순히 그의 마음이 변한 것일까?'

똑똑하고 강하게 사랑하라

그렇더라도 그를 선택한 것은 다름 아닌 당신 자신입니다.

실연의 아픔을 잊을 수 없거든, 거기서 무엇을 배워야 할지 생각하세요. 그리고 교훈을 얻었거든 힘차게 다음 사랑으로 나아가면 됩니다. 단지 어둠 속으로 도망치기만 하는 사람에게 행복은 찾아오지 않습니다.

'모든 것은 나의 책임이다.'

이렇게 생각하고 다음 사랑을 준비하세요. 좋아하게 된 것도, 헤어진 것도 모두 당신이 선택한 일입니다. 분명 쓰라린 아픔을 겪은 만큼 당신의 마음은 한 뼘 더 성장해 있을 것입니다.

아픔을 극복하고 다시 따뜻한 사랑을 찾아 나서는 것은, 소망이 있는 여자의 강해지는 습관입니다.

♣ 삶을 이기는 멘토

1. 당신은 오래된 연인과 헤어진 경험이 있나요?
2. 이별의 아픔은 어떤 빛깔인가요?

당신은 얼마나 사랑할 수 있나요?

그녀는 자신이 참으로 운 좋은 여자라고 믿었다. 결혼한 지 23년이나 지났는데도 남편 칼이 방에 들어오면 가슴이 설레고 두근거렸다. 물론 긴 세월 동안 고통스러운 적도 많았다. 그러나 남편에 대한 사랑은 변함이 없었다.

칼 또한 아내 이디스를 끔찍이 사랑했다. 사실 그는 아내에게 거의 의지해 사는 듯했다. 정부 물류창고에서 일하는 그는 다른 지방으로 출장을 가면 어김없이 밤마다 아내에게 전보를 쳤고, 자그마한 선물도 함께 보내곤 했다.

1950년 2월, 칼은 오키나와의 새 물류창고에서 몇 달간 일하게 되었다. 그들 부부에게 그것은 긴 시간이었고, 또 오키나와는 너무 멀었다.

칼이 오키나와로 떠나고 난 뒤, 아내는 변함없이 칼의 전보와 선물을 기다렸다. 그러나 칼은 아무 선물도 보내오지 않았다. 이디스는 이해했다. 남편은 돈을 저축하느라 여념이 없을 것이라 생각했다. 집을 사려면 돈을 아껴야 한다고 남편에게 상기시키던 일이 머릿속을 스치고 지나갔다.

어느덧 쓸쓸하게 몇 달이 지나갔다. 그러나 그는 좀처럼 돌아오지 않았다. 조금만 더 기다리라는 편지만이 날아왔다.

남편이 집을 떠난 지 그럭저럭 1년이 되었다.

이디스에게 한 가지 좋은 생각이 떠올랐다.

'열심히 일해서 집을 사야겠어. 남편이 돌아오면 놀라게 해 주어야지!'

그녀는 공장에 다니며 돈을 모으기 시작했다.

이디스는 전망 좋은 집을 보아 놓았다가 계약금을 미리 치렀다.

시간은 빨리 흘러갔다. 두 달 동안 모은 돈으로 새 집에 침실을 만들고 마루를 깔 수 있게 되었다. 다음 달에는 겨울을 날 준비로 벽난로를 주문했다.

그녀는 더욱 열심히 그리고 처절하게 일했다. 왜냐하면 이제 그녀의 마음속에 한줄기 의심이 고개를 내밀기 시작했던 것이다. 생각하고 싶지 않았다. 그 어떤 일이 생기지 않았나 하는 의심 말이다.

칼에게서 오는 편지 횟수가 점점 뜸해졌다. 선물이 없는 것은 이해할 수 있었다. 그러나 우표 값이야 몇 푼 안 되지 않는가?

그렇게 몇 주가 지난 뒤, 편지 한 통이 배달되었다.

"이디스, 당신이 상처 입지 않았으면 하오. 우리는 이제 더 이상 부부가 아니라오……."

너무 놀란 이디스는 소파에 털썩 주저앉았다. 남편의 편지 속에는 이혼 서류가 들어 있었다. 남편의 새 여자는 오키나와에 사는 에이코라는 일본 여자로, 남편의 숙소에 배정된 가정부였다.

에이코는 열아홉 살이고 이디스는 마흔여덟 살이었다.

이디스는 심한 충격을 받았으나, 칼을 증오하지는 않았다. 너무도 오랫동안 칼을 사랑했기 때문에 그 사랑을 저버릴 수가 없었다.

객지에서 외로운 한 남자와 가정부 여자. 남편은 어린 가정부를 속여 이용하기보다는 아내와 이혼하는 어려운 길을 택한 것이었다.

그가 에이코를 사랑하는 것은 납득할 수 있다. 그러나 두 사람의 나이와 문화적 차이는? 언젠가 그들 또한 이 사실을 깨닫게 되겠지. 그러면 다시 집으로 돌아오리라.

이디스는 칼에게 편지를 보내 매일 일어나는 자질구레한 이야기라도 좋으니 서로 연락을 계속하자고 간청했다. 그리고 전망 좋은 작은 집은 팔아 버렸다. 칼은 그 집에 대해 전혀 알지 못했다.

어느 날 칼은 편지로 그와 에이코 사이에 아기가 태어난다고 전해 왔다. 1951년에 마리가, 1953년에는 헬런이 태어났고, 이디스는 그때마다 선물을 보냈다. 그녀는 여전히 칼에게 편지를 띄웠고 그도 답장을 했다. 헬런은 이가 하나 났고, 에이코의 영어 실력은 점점 나아지고 있으며, 칼은 체중이 줄었다고 했다.

이디스의 삶은 이제 오키나와로 가 있었다. 몸만 월섬에 있을 뿐이었다. 공장과 아파트를 오가는 동안에도 그녀의 마음은 언제나 칼과 함께 있었다.

그러던 어느 날 편지가 날아왔다. 칼이 폐암으로 죽어

똑똑하고 강하게 사랑하라

가고 있다는 것이었다.

그의 마지막 편지는 공포로 가득 차 있었다. 죽음에 대한 두려움 때문이 아니라 에이코와 두 딸 때문이었다. 그는 아이들을 미국 학교에 보내기 위해 저축하고 있었지만, 모아 둔 돈을 몽땅 병원비로 써버렸다는 것이었다. 이제 아이들을 어떻게 할 것인가?

이디스는 칼에게 줄 그녀의 마지막 선물이 무엇인지 깨달았다. 그녀는 에이코가 원한다면 마리와 헬런을 데려와 월섬에서 키우겠다고 칼에게 편지했다.

칼은 결국 고통 끝에 세상을 떠나고 말았다. 그러나 몇 달이 지나도록 에이코는 아이들을 보내지 않았다. 아이들은 그녀의 모든 것이기 때문이었다.

그러나 아이들에게 자신이 겪은 것과 똑같은 가난과 굴욕과 절망의 삶을 물려주고 싶지는 않았을 것이다. 1956년 11월, 결국 에이코는 아이들을 이디스에게 보냈다.

이디스는 쉰넷의 나이에 세 살, 다섯 살짜리 꼬마의 엄마 노릇을 하기가 결코 쉽지 않으리라는 것을 알고 있었다. 그러나 마리와 헬런은 새로운 생활에 빨리 적응해 나갔다. 이디스는 6년 만에 처음으로 퇴근길 발걸음이 바빠졌고, 아이들과 함께 하는 식사 준비가 더없이 즐거웠다.

하지만 에이코에게서 오는 편지는 슬펐다.

"애들이 무엇을 하고 있는지 알려 주세요. 마리나 헬런이 울고 있지는 않은지요."

이디스는 그녀의 외로운 마음을 헤아릴 수 있었다. 홀로 남겨진다는 게 어떤 것인지, 그녀 또한 너무나 잘 알기 때

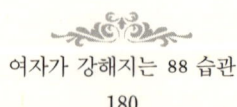

문이었다.

또 다른 문제는 돈이었다. 이디스는 직장에 나가 있는 동안 애들을 돌봐 줄 부인을 고용해야 했다. 엄마와 돈 버는 가장, 두 가지 역할을 하느라 그녀는 지치고 쇠약해졌다. 1957년 2월, 그녀는 병이 들었지만 쉬지 않고 일했다.

어느 날 이디스는 공장에서 쓰러졌다. 폐렴이었다. 병원 침대에서 그녀는 아이들이 자라기 전에 자기가 늙어 버리고 말 것이라는 사실을 깨달았다. 칼에 대한 사랑으로 그녀가 할 수 있는 모든 것을 했다고 여겼지만, 아직 한 가지 더 남아 있음을 알게 되었다. 그것은 아이들 엄마를 미국으로 데려오는 일이었다.

결정은 했지만 실천에 옮기는 것은 또 다른 문제였다. 에이코는 아직 일본인이었고, 이민 허가가 나오기까지는 몇 년이나 기다려야 했다.

이디스는 여기저기에 도움을 요청하는 편지를 썼다. 그녀의 이야기가 신문에 실렸다. 탄원서가 제출되고 특별 법안이 국회에서 신속히 통과되어, 1957년 8월 마침내 에이코 테일러의 미국 입국이 허용되었다.

비행기가 뉴욕 국제공항에 착륙했을 때, 이디스에게는 극심한 두려움이 몰려왔다. 내 사랑하는 남편을 빼앗아 간 이 여인을 증오하게 되면 어쩌나?

그런데 비행기에서 마지막으로 나온 사람은 너무도 마르고 작은 소녀 같아서 이디스는 그녀를 어린아이로 착각할 뻔했다. 그녀는 난간을 꼭 쥐고 서 있었다. 이디스는, 자신이 두려울 정도라면 에이코는 거의 공포에 휩싸여 있으

똑똑하고 강하게 사랑하라

리라는 것을 깨달았다.
 이디스가 그녀의 이름을 다정하게 부르자 에이코는 계단을 뛰어 내려와 이디스의 팔에 안겼다. 그 순간, 이디스는 눈을 감고 마음 속으로 기도했다.

 "도와주소서. 칼이 돌아온 것처럼 이 여인을 사랑하게 하소서. 저는 그가 돌아오기를 간절히 기도했습니다. 이제 칼을 대신하여 두 어린 딸과 그가 사랑했던 이 어린양이 왔습니다. 하느님, 제가 그걸 깨닫게 하소서."

 지금 이디스와 에이코, 그리고 두 딸은 월섬의 아파트에서 함께 살고 있다. 헬런은 유치원에서 선생님의 사랑을 듬뿍 받고 있고, 에이코는 간호사가 되기 위해 공부하고 있다. 에이코와 이디스는 머지 않아 자신들의 집을 장만하려 한다. 밤마다 그들은 늦게까지 미래 설계를 하느라 잠을 설칠 정도이다.
 이디스 테일러는 칼과의 행복했던 그 시절처럼 자신이 세상에서 가장 운이 좋은 여자라고 생각하고 있다.

콘시다인

6

여자가 이기는 88 습관
홀로 있을 때 더 미소 지어라

당신은 자신감이 부족합니까?
여기 당신이 혼자서도 당당하게 살아갈 수 있도록
싱글생활의 지혜를 담았습니다.
당당하게 이 책을 열고 들어오십시오.

이론과 실천은 너무나 다르다. 사람들은 대개 이론은 잘 이해하지만 그것을 제대로 기억하지 못할뿐더러 실천하는 방법도 모른다. 그런 지식은 아무런 쓸모가 없다. 마치 궤짝에 보물을 잔뜩 넣어두고도 그 보물을 한 번도 꺼낼 수 없는 것과 마찬가지다.

예상했던 위험보다는 전혀 예기치 못한 위기 상황에서 비로소 그 여자의 됨됨이를 알 수 있다. 뜻밖에 닥친 위기를 당당하게 극복하기란 쉽지 않다. 그러므로 그것을 잘 극복하는 여자는 진정 용기 있는 여자라고 불릴 만하다.

달마다 꿈 하나씩 만들기

1월의 꿈, 2월의 꿈, 3월의 꿈 하나씩 하나씩
12월이 되면 벌써 12개의 꿈이 이루어집니다.

당신에겐 꿈이 있나요?
"이렇다 할 특별한 꿈은 없어요."
시큰둥하게 말하는 여성을 가끔 만납니다. 그래도 꿈이 전혀 없는 사람은 사실 없을 것입니다.
꿈에는 현실에서 먼 것도 있고 가까운 것도 있습니다. 이루기에 너무나 긴 시간과 많은 에너지를 요구하는 것도 있고, 생각보다 빨리 이룩할 수 있는 작은 꿈도 있습니다. 중요한 것은 큰 꿈만이 소중한 건 아니라는 사실입니다. 예를 들어 이것도 훌륭한 꿈이라 할 수 있습니다.
"올봄엔 예쁜 빨강 스웨터를 살 거야."
한번 거울 속의 당신에게 물어보세요.
"뭐가 하고 싶니? 필요한 걸 말해봐."
반드시 답이 나올 것입니다. 그것을 적어 두세요. 그리고 스케줄 수첩처럼 날마다 꼭 펼쳐보세요. 꿈을 확인하는 순간마다 그 꿈을 이루려는 의욕이 솟아날 것입니다.
1월의 꿈, 2월의 꿈…… 매달 한 가지씩 꿈을 정하세요. 예쁜 빨강 스웨터를 산다, 시몬 드 보부아르의 소설을 모두 읽는다, 그런 것들도 좋겠지요. 매달의 목표는 작아보

홀로 있을 때 더 미소 지어라

여도 12월이 되면 12개의 꿈이 이루어지는 것입니다.
　정말 멋진 일이라고 생각지 않나요?
　홀로 서는 당신은 조그만 발돋움으로도 달마다의 작은 꿈들에 닿을 수 있습니다. 자신의 힘으로 하나씩 하나씩 꿈을 이루어가는 것은 나날의 생활에 희망과 설렘을 가져옵니다. 작은 마음의 만족은 이윽고 큰 꿈의 실현으로 이어질 것입니다.

♣ 삶을 이기는 멘토
1. 달마다 꿈 한 가지씩을 달력에 적어보세요.
2. 당신의 이 달의 꿈은 무엇인가요?

뒤돌아보게 만드는 아름다움

더 빨리, 더 높게 뛰려고 채찍질만 하지 마세요.
누구보다 자신을 아끼고 사랑하는 마음이 필요합니다.

내가 아는 직장 여성들은 모두 빛나는 부분을 지니고 있습니다. 아침 9시에 출근해서 그럭저럭 일을 하다가 저녁 6시가 되면 총총이 퇴근하는 그런 여성들이 아니라, 모두 자기 나름의 목표를 가지고 일을 하고 있습니다.

이런 여성들의 공통점은 또렷한 통찰력을 지니고 있다는 것입니다. 매일매일 진지하게 생각하며 살아가는 여성의 눈빛은 흐리지 않습니다.

그런데 뜻밖에도 이런 여성들은 자신의 멋진 모습을 제대로 평가하지 못합니다. 그것은 어릴 적부터 받아온 감점법(減点法)의 교육 때문입니다. 그녀들의 부모들은 이렇게 가르쳤습니다.

"이만큼 부족하니까 노력해서 보충해야 한다."

많은 부모들은 아이들을 최단 시간에 목표 지점까지 도달시키려 몰아붙입니다. 아이들의 좋은 점을 북돋아주기보다는 잘못된 점을 지적하여 빨리 그것을 없애고 싶어할 뿐이죠.

'최단 시간'이 반드시 좋다고는 할 수 없습니다. 지금 이 시점에서 가장 중요한 것은, 자신의 좋은 점을 발견하고

홀로 있을 때 더 미소 지어라

칭찬하는 것입니다. 그것이 여자가 강해지는 습관입니다.

　식물에게도 물을 주면서 "예쁘게 자라라", "어서 꽃을 피우렴" 하고 따뜻하게 말을 건네면, 그저 물만 부어주던 식물보다 더 예쁜 꽃을 피웁니다. 당신도 자신의 매력에 칭찬이라는 물을 흠뻑 부어주세요.

　더 빨리, 더 높게 뛰려고 채찍질만 하지 마세요. 가끔은 당신 내면의 아름다움을 돌아보며 지친 몸과 마음을 보듬어주길 바랍니다. 홀로 사는 당신이 누구보다 자신을 아끼고 사랑할 때, 누구나가 한 번쯤 뒤돌아볼 수 있는 아주 매력적인 모습이 될 것입니다.

♣ 삶을 이기는 멘토

1. 당신은 자신의 내면을 들여다본 적이 있나요?
2. 당신의 내면엔 무엇이 존재하나요?

여자가 홀로 서려면

우리는 스스로 의문을 가지고,
그것을 스스로 해결함으로써 성장해 갑니다.

혼자 있는 모습이 상상이 가는 여성과 그렇지 않은 여성의 차이는 어디에서 오는지, 당신은 알고 있나요?

요즘 카페에서 혼자 시간을 즐기는 여성이 늘고 있습니다.

그러나 간혹 혼자만의 시간이 어색해서 시선이 불안정하고 어딘가 불안해하는 여성도 보입니다.

무엇이 그녀들을 불안하게 만드는 것일까요?

그것은 자신감의 결여입니다. 자신감이 없는 사람이 많은 사람들 틈에 혼자 끼어 있으면, 침착하지 못하고 어색해 보이죠.

반면에 자신감이 있는 여성은 자신만의 세계를 가지고 있습니다. 그런 여성은 언제나 그 장소에서 조화를 이루기 때문에, 동요되는 일이 없습니다. 마음에 여유를 가지고, 당당하고 우아하게 행동할 수 있는 것입니다. 즉, 자신감은 자신을 이기는 강한 습관입니다.

지금 당신에게, 자신감을 찾는 가장 효과적인 방법을 일러주겠습니다.

먼저 사람들과 떨어져서 철저히 혼자가 되어 보세요. 처

홀로 있을 때 더 미소 지어라

음엔 어딘지 모르게 마음이 불편할지도 모릅니다. 그러나 혼자 있을 때, 보다 많은 것들이 눈에 들어오죠. 그리고 뭔가 의문이 생기면, 스스로 생각해서 대답을 찾으려 합니다.

우리는 스스로 의문을 가지고, 그것을 스스로 해결함으로써 성장해 간다는 걸 잊지 마세요.

이제 혼자만의 시간을 느긋하게 즐길 준비가 되었나요? 그동안 무심하게 지나치던 주변의 사물들에 관심을 갖고 차분히 둘러보세요.

언제나 여럿이 어울려 서로에게만 눈맞추고 있으면, 아무리 시간이 흘러도 혼자만의 여유로움을 맛볼 수 없습니다.

♣ 삶을 이기는 멘토
1. 당신은 혼자 카페에 가는 날이 많나요?
2. 그 모습 당당하고 우아하게 보이도록 하세요.

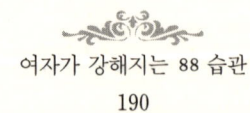

비밀의 화원을 가꾸세요
비밀의 꽃밭을 가꿀 줄 안다면,
상황은 확 달라질 것입니다.

그녀는 자신의 인생을 스스로 개척합니다. 수동적인 인생은 매력적인 그녀에게 어울리지 않습니다. 화장도, 옷맵시도, 머리 모양도 언제나 최고로 유지하죠. 매일 아침 거울을 보고 몸매를 체크하는 일도 게을리하지 않습니다. 매력적인 그녀의 겉모습은 바로 그녀의 행복지수입니다. 그녀는 자신만의 화원을 항상 아름답고 조화롭게 가꾸고 있습니다.

얼마 전, 일 때문에 파리에 간 적이 있습니다. 그곳에서 각자의 화원을 가진 네 명의 여성을 만났습니다. 주말에는 화가로 활동하는 변호사, 비즈나 펄을 사용해 손수 액세서리를 만드는 은행원, 가구디자인에 푹 빠진 이벤트 기획사 사원, 날마다 열심히 중국어를 배우는 타이피스트.

그들은 모두 훌륭한 직장인이면서 동시에 부지런히 자신만의 화원을 가꾸는 멋진 여성들이었습니다. 푹 빠져서 즐길 수 있는 세계를 가진 사람들이지요. 나는 그들에게서 반짝반짝 빛나는 매력을 느꼈습니다.

나는 사랑에 목매어, 남자들 사이에서 쉬운 여자 취급을 받는 여자들을 볼 때마다 안타까움을 느낍니다. 그들이 정

홀로 있을 때 더 미소 지어라

말 파리의 네 명의 여성들처럼 자신만의 화원을 가꿀 줄 안다면, 상황은 많이 달라질 것입니다. 의외성을 겸비한 그녀들을 남자들은 높이 평가할 테지요.

당신도 비밀의 화원을 계획하세요. 주위의 어느 남자도 함부로 볼 수 없는 당신만의 울타리를 치세요. 이 습관이 당신을 자유롭게 할 것입니다.

♣ 삶을 이기는 멘토
1. 당신에게도 비밀의 화원이 있나요?
2. 당신은 자기만의 화원에 무엇을 가꾸나요?

달콤한 고독을 즐기는 여자

고독을 견딜 수 있는 여성,
무리를 떠나 홀로 설 수 있는 여성이 성공도 합니다.

나는 한 마리 여우 같은 여성을 좋아합니다. 그리고 나 자신 또한 그러한 삶을 지향합니다.

해바라기처럼 모두 한 방향을 바라보는 것이 아니라, 양 떼처럼 모두 같은 행동을 하는 것이 아니라, 자신이 가고 싶을 때 가고 싶은 방향으로 가는 것, 그렇게 혼자 행동할 수 있는 여성에게서 빛나는 고고함을 느낍니다.

인간은 누구나 고독을 두려워합니다. 하지만 고독을 경험하고 그곳에서 탈출한 사람에게는 강인함이 있습니다. 내가 아는 어떤 여성은 스물두 살에 자신의 능력을 시험하기 위해 가족과 친구들을 뒤로하고 해외로 나갔습니다. 무모하다고 말하는 사람도 있었지만 그때는 젊음이라는 힘이 원동력이 되었습니다. 그녀는 자신의 선택을 후회한 적이 한 번도 없다고 합니다.

막상 해외로 나가 보면 즐거운 일도 많지만, 고독과 싸워야하는 때가 더 많습니다. 특히 몸이 아플 때는 극도의 고독을 맛보게 되는데, 돌봐주는 사람 없이 모든 것을 혼자 해내야 했습니다. 자신을 지켜내는 것은 오직 자기 자신뿐이었습니다.

홀로 있을 때 더 미소 지어라

하지만 매사에 열정적으로 임한다면 해내지 못할 일은 아무것도 없습니다. 이렇게 힘든 경험을 쌓아온 그녀는 어느새 정신적으로도 강인해져 있었습니다. 그것은 남들과 다른 그녀의 개성이며, 고독을 두려워하지 않고 받아들일 줄 아는 떳떳한 여성의 모습이기도 했습니다.

회사 경영인인 나의 친구는 직원 채용 면접을 할 때, 혼자서 여행을 할 수 있느냐는 질문을 한다고 합니다. 그것이 혼자 행동하고, 판단하는 능력을 가늠하는 지표가 되기 때문이지요.

일에서나 사생활에서나 고독에 견딜 수 있는 여성, 그리고 무리를 떠나 홀로 설 수 있는 여성이 성공도 합니다.

♣ 삶을 이기는 멘토
1. 당신은 해바라기나 순한 양 같은 여성인가요, 한 마리 여우 같은 여성인가요?
2. 의연하게 고독을 견딜 수 있는 여성이 성공합니다.

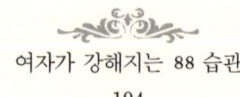

홀로 떠나는 여행 그 멋과 맛
혼자만의 여행에 익숙해진 사람에게도
외로움이 순간순간 찾아옵니다.

친구가 근무하는 디자인 회사는 유급휴가를 써야 환영받는 곳입니다. 여행을 좋아하는 그녀는 주말에 맞춰 휴가를 받아 일본이나 대만, 태국 등으로 해외여행을 떠나곤 합니다.
"갑작스레 여행지를 결정하는 경우가 많아서 대부분 혼자서 여행을 떠나게 돼. 뭐, 홀가분해서 좋아."
"외롭지 않아?"
"물론 외로울 때도 있지. 그렇지만 사람이 그리운 건 금방 극복할 수 있어. 이를테면, 길에서 지도를 보고 있을 때, 누군가가 도움의 손길을 내밀면 외로움이 금세 반가운 마음으로 바뀐다니까."
친구는 호텔 프런트의 직원이나 가게 점원과 얘기할 때도 같은 기분이라고 했습니다.
"버스를 탈 때는, 버스 정류장의 이름을 메모해서 운전수에게 건네면, 다음역이라고 가르쳐 줘. 혼자라서 외롭기 때문에 사람들에게 자꾸 말을 걸고 싶어지는 것 같아."
그런데 그녀처럼 혼자만의 여행에 익숙해진 사람도 못 견디게 외로움을 느끼는 때가 찾아온다고 합니다.

홀로 있을 때 더 미소 지어라

"그럴 때를 준비해서, 항상 펜과 주소록을 가지고 다니지. 그리고 운치 있는 카페에 들어가서 부모님과 친구들에게 그림엽서를 쓰는 거야. 고마워, 라는 말과 함께 솔직한 기분을 쓰다보면 어느 새 마음이 따뜻해져."

친구는 혼자 떠나는 여행으로 곁에 있는 사람들이 얼마나 소중한지 알게 되었답니다. 그래서 오히려 친구가 더 많아졌다나요?

♣ 삶을 이기는 멘토
1. 당신은 지독한 외로움을 어떻게 극복하나요?
2. 당신도 혼자만의 여행을 계획하나요?

마음속에 울려 퍼지는 아픔이 마음을 기른다
가까운 사람들의 불행을 마주한 사람일수록
내면이 깊고 아름답습니다.

　연극을 보다 보면 주연 여배우는 대부분 상당한 미인입니다. 하지만 조연 여배우는 얼굴 생김새가 그보다 떨어지는 게 보통이지요. 그래도 연기력만큼은 주연에 뒤떨어지지 않습니다.
　그녀의 연기는 내면에서 배어나는 매력에 의해 단연 빛이 납니다.
　우리네 인생은 단 한 번 뿐이기에 주연을 맡고 싶은 것이 당연합니다. 그러나 유감스럽게도 조연 인생을 사는 사람이 더 많은 것도 부정할 수 없는 사실입니다.
　결혼한 뒤에도 남편과 대등하거나, 또는 남편보다 사회에서 더 빛을 내는 여성도 있습니다. 그러나 남편의 조연으로서 주연을 보조하는 입장에 서는 부인이 더 많습니다.
　과거의 아름다움은 조금씩 쇠락하는 법입니다. 하지만 내면의 아름다움은 세월이 흐를수록 더욱 깊은 울림을 냅니다. 외면의 아름다움이 빛을 잃었을 때, 내면의 아름다움마저 없다면 남편은 머지않아 멀어져 가지 않을까요?
　나는 오랫동안 많은 여성의 삶을 지켜보아 왔습니다. 단

홀로 있을 때 더 미소 지어라

한 가지 확실한 것은, 가까운 사람들의 불행을 마주한 사람일수록 내면이 깊고 아름다워진다는 것입니다.

갖가지 작거나 큰 불행들은 마음에 울려 퍼지고, 바로 그것이 밑거름 되어 마음은 자라납니다.

그럼 언제나 불행을 비켜가는 사람은 더 이상 깊어질 수 없단 말일까요? 아니요, 그럴 때는 내면이 아름다운 사람을 멘토로 삼으면 됩니다.

멘토란 마음의 스승이라고도 할 수 있습니다. 훌륭한 멘토의 지도를 받아 마음을 길러야 합니다.

그러한 습관이 당신을 진정한 싱글로 만들어줄 것입니다.

♣ 삶을 이기는 멘토
1. 그녀에게선 아름다운 내면의 울림이 전해져옵니다.
2. 그녀는 어떻게 해서 깊고 그윽한 내면을 소유할 수 있었을까요?

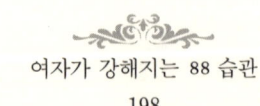

아름다운 자기암시

긍정적으로 자기암시하는 습관을 기르세요.
놀라운 효과가 나타납니다.

언제까지고 외로워만 할 수는 없습니다.

자신감을 스스로 기르세요. 자신을 최고로 만들기 위해 노력하길 바랍니다. 그것은 남이 대신 해줄 수 있는 일이 아닙니다. 스스로 해야만 하죠. 최고의 내가 되려면, '최고의 나의 이미지'부터 확실하게 만들어야 합니다.

당신이 바라는 '최고의 나'는 어떤 모습입니까? 그 모습을 상상해 보세요. 이미지가 떠올랐다면, 그것을 끊임없이 생각하세요. 소리 내어 말하는 것도 좋은 방법입니다.

"나는 유능한 사람이야. 매력적이고 똑똑하지."

이것은 일종의 자기암시입니다.

바보 같은 짓이 아닙니다. 긍정적인 자기암시는 여자가 강해지는 효과적인 습관입니다. 자기암시를 잘하는 여성만이 성공할 수 있습니다. 인기 탤런트나 가수들 중에도 자기암시를 사용하는 사람이 많습니다.

"나는 유명 연예인이야. 팬들이 나를 기다리고 있어."

이런 말로 자기암시를 하는 것이지요. 이처럼 강한 의지가 있어야만 목적을 이룰 수 있습니다. 반대로 의지가 약하면 작은 둔덕에도 포기하게 마련입니다.

홀로 있을 때 더 미소 지어라

나는 직업상 건강하고 밝은 모습을 유지해야만 합니다. 하지만 인생이 늘 즐거울 수는 없지요. 안 좋은 일도 분명히 일어납니다. 그런 날은 밤잠을 설쳤다가 다음날 아침에 후회합니다. 잠을 제대로 못 자서 피곤이 한꺼번에 몰려오니까요. 몸 전체에 생기가 없습니다.

하지만 일을 안 할 수는 없습니다. 이때 자기암시를 사용합니다. 정성들여 화장한 뒤 거울 앞에 서서, 나를 향해 생긋 미소 지으며 이렇게 말하는 것이지요.

"미소가 참 멋진데? 오늘 하루도 힘내서 즐겁게 보내자."

이 한 마디가 나를 바꿉니다. 목적지에 도착할 때쯤이면 효과가 나타나죠. 눈이 맑아지고 몸 전체에서 생기가 흘러넘칩니다.

또 까다롭고 불편한 사람을 만나러 갈 때도 자기암시를 합니다.

"○○씨는 좋은 사람, 상냥하고 이해심이 많아. 특히 오늘은 기분이 좋을 테니까 괜찮아."

이렇게 중얼거리면서 약속장소로 향하는 것입니다.

그러면 놀라운 효과가 나타납니다. 실제로 약속장소에 도착했을 때, 그 사람이 정말로 그렇게 보이는 겁니다. 어느새 부담감은 사라지고, 나는 안심하고 이야기를 나눌 수 있습니다.

긴 인생에서 문득문득 다가올 외로움을 뿌리 뽑기 위해서라도, 긍정적으로 자기암시를 하는 습관을 기르세요. 올바른 자기암시는 모든 일을 좋은 방향으로 인도합니다.

♣ 삶을 이기는 멘토
1. 당신은 자기암시의 주문을 외운 적이 있나요?
2. 당신의 주문은 효과가 있었나요?

홀로 있을 때 더 미소 지어라

태양의 웃음 보름달의 눈물

당신이 짓는 태양 같은 웃음과,
때때로 흘리는 보름달 같은 눈물은
당신을 빛나는 싱글여성으로 보이게 합니다.

웃음과 눈물에는 '행복 성분'이 똑같이 가득 함유되어 있습니다. 웃으면 행복해집니다. 눈물을 흘릴 때에도 마찬가지입니다. 또 웃으면 스트레스가 해소되어 긴장이 풀어집니다. 이것도 눈물과 같지요.

다만 한 가지 차이가 있다고 한다면, 웃음에는 주위 사람을 즐겁게 하는 '태양'의 효과가 있지만 눈물에는 그것이 없다는 것입니다. 거꾸로 주위 사람의 눈물을 자아내는 효과가 있을 뿐이지요.

이제부터 나는 각각의 역할에 대해 '태양의 웃음'과 '보름달의 눈물'이라고 부르고자 합니다.

눈물을 흘릴 때, 우리는 남몰래 조용히 울기 마련입니다. 다른 누군가를 의식할 것도 없이 그저 자기만을 위해 눈물을 흘립니다. 그 모습은 실로 밤하늘에 뜬 보름달 같습니다.

밤하늘의 달을 바라보면 왠지 마음이 예민해지지 않나요? 그리고 달이 차고 기우는 것과 여성의 월경 주기는 밀

접한 관계가 있다는 것은 당신도 잘 알고 있을 것입니다.

내가 '태양의 웃음' '보름달의 눈물'이라고 말하는 것은 단지 단어의 조합이나 언어유희가 아닙니다.

우리에게 있어 웃음과 눈물, 이 둘은 어느 한 가지도 빠져서는 안 된다는 것을 전하고 싶은 것이지요.

태양만으로는 너무 쓸쓸합니다.

그리고 보름달만으로는 빛이 부족하지요.

마찬가지로 웃음만으로, 또 눈물만으로는 부족합니다.

당신이 짓는 태양 같은 웃음과, 때때로 흘리는 보름달 같은 눈물은 당신을 빛나는 싱글여성으로 보이게 할 것입니다. 이 낮과 밤의 균형이 자유의 세계로 향하는 진정한 메시지를 주는 것입니다.

♣ 삶을 이기는 멘토

1. 당신은 태양처럼 환하게 웃기도 하고, 보름달처럼 슬픈 눈물을 짓기도 합니다. 기쁨과 슬픔이 조화를 이루고 있기 때문이지요.

홀로 있을 때 더 미소 지어라

미소의 위력!

**의외로 수수한 옷차림을 좋아하는 싱글여성 중에
빛나는 미소를 간직한 사람이 적지 않습니다.**

　얼마 전 한 모임에 갔을 때의 일입니다.
　한 여성이 유난히 눈에 띄었습니다. 그녀는 모임에서 돋보이려고 미리 준비한 흔적이 역력했습니다.
　세련된 머리 모양새, 우아한 옷차림, 옷과 잘 맞춰 신은 고급 샌들, 센스가 돋보이는 아름다운 액세서리 등.
　하지만 뜻밖에도 아름답다는 말이 나오지 않았습니다. 어딘지 모르게 부족한 듯한 인상이 들었지요.
　문득문득 그 여성을 살피다가 모임의 분위기가 무르익어 갈 때쯤 나는 알아차렸습니다. 그녀에겐 하나가 빠져 있었습니다. 그건 바로 아름다운 표정입니다.
　그녀는 특별한 모임을 위해 나름대로 성의껏 준비했지만, 표정에는 아무런 준비가 없었습니다. 교만한 마음이 고스란히 드러나는 얼굴이었죠. 그런데 그 여성은 자신의 표정에는 별 관심이 없는 듯했습니다. 몸에 두른 옷이나 액세서리보다 표정이 더 중요하다는 사실을 몰랐던 것입니다.
　의외로 수수한 옷차림을 좋아하는 싱글여성 중에 빛나는 미소를 간직한 사람이 적지 않습니다. 주위 사람들은 그녀에게 백만 달러짜리 미소를 지녔다고 농담 삼아 애기하지요.

미소의 힘은 강합니다. 미소는 보이지 않는 곳에까지 전달됩니다. 유능한 텔레마케터들은 전화통화를 할 때에도 미소 짓습니다. 미소가 목소리를 통해서 전달되기 때문이지요.

미소는 돈이 들지 않지만 많은 것을 이루어냅니다. 그리고 그 흐뭇한 기억은 아주 오래도록 남죠. 세상살이의 어려움을 풀어주는 자연의 묘약, 이것은 돈으로 살 수도 없고 강요할 수도 없으며 훔칠 수도 없습니다. 이 미소야말로 여자가 강해지는 값진 습관입니다.

♣ 삶을 이기는 멘토
1. 당신의 미소는 얼마나 아름다운가요?
2. 당신은 미소의 힘에 대해서 생각해 본 적이 있나요?

홀로 있을 때 더 미소 지어라

2만 원짜리 반지를 3천만 원짜리처럼 끼는 방법

돈이 없다면 감각으로 승부하세요.
가진 옷이 별로 없어도
머리를 쓰면 얼마든지 멋쟁이가 될 수 있습니다.

나는 쇼핑을 좋아합니다. 특히 옷을 자주 사는 편이라, 집에 있는 방 하나가 옷으로 꽉 차 있을 정도입니다.

하지만 그 많은 옷 중에 값비싼 것은 별로 없습니다. 명품은 정말 드물죠.

반지나 목걸이, 귀걸이 등도 좋아해서 꾸준히 모으고 있습니다. 그러나 비싼 액세서리만 있는 것은 아닙니다. 그 중에는 단돈 2만 원에 구입한 반지도 있습니다. 나는 그것을 남들에게 보여주면서 물어봤습니다.

"이건 첫 월급 타던 날, 압구정동에서 산 반지예요. 얼마일 것 같아요?"

사람들의 대답은 저마다 달랐습니다. 그 중 가장 높은 가격은 무려 3천만 원이나 되더군요.

고작 2만 원짜리 반지를 3천만 원짜리로 만드는 것, 그것이 패션의 힘입니다. 실제 가격보다는 그것을 어떻게 사용하는가가 훨씬 중요하죠. 물건의 가치는 사용하는 사람의 분위기로 결정되는 법입니다.

돈을 낭비하지 않아도 됩니다. 좋은 물건을 싸게 사서,

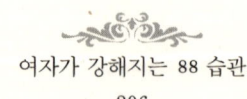

값비싼 물건처럼 활용하는 기술을 익히세요. 그것이 자신의 가치를 높이는 습관입니다.

그리고 구입한 물건은 골고루 소중하게 쓰세요.

하나의 물건만 계속 사용하면 금방 못 쓰게 돼버립니다. 매일 똑같은 구두만 신지는 마세요. 그것은 물건을 괴롭히는 행위입니다.

좋은 물건을 싼 가격으로 넉넉하게 사두고 매일 돌아가면서 사용하길 바랍니다. 모든 물건을 골고루 활용해야 오랫동안 쓸 수 있습니다.

젊은 여성은 가난하기 마련입니다. 비싼 옷을 마음껏 살 정도로 돈이 많은 아가씨는 흔치 않죠. 그래서 알뜰하게 쇼핑하는 방법을 익혀야 합니다. 그리고 몇 가지 옷을 번갈아가며 코디하는 법도 배우세요.

내가 이십 대 무렵의 일입니다. 입사한 지 얼마쯤 지났을 때 한 선배가 나에게 이렇게 말하더군요.

"옷이 정말 많은가 봐. 똑같은 옷을 입은 걸 본 적이 없어."

현실은 전혀 달랐습니다. 나는 가진 옷이 별로 없어서, 그저 있는 옷들을 매일 바꿔가면서 입었을 뿐입니다. 똑같은 옷을 입은 적도 많았지요. 그런데도 그 선배는 착각을 한 것입니다.

나는 다만 상의와 하의를 색다르게 조합하거나 새로 산 스카프를 둘렀을 뿐이었죠. 하지만 이러한 약간의 변화로도 전혀 다른 분위기를 연출할 수 있었습니다.

돈이 없다면 센스로 승부하세요. 가진 옷이 별로 없어

홀로 있을 때 더 미소 지어라

도, 머리를 쓰면 얼마든지 멋쟁이가 될 수 있습니다. 옷을 다양하게 코디하고 작은 액세서리로 악센트를 주세요. 그것으로 충분합니다. 2만 원짜리 반지를 3천만 원짜리처럼 끼는 방법을 아는 것이야말로 싱글여성의 성공 열쇠입니다.

♣ 삶을 이기는 멘토
1. 당신은 고가의 옷을 선망하지는 않나요?
2. 중저가의 옷으로도 패션 감각을 완벽하게 살릴 수 있는 방법이 없을까요?

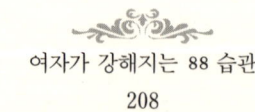

돈이 없다고 말하지 않는다

말이 씨가 된다는 속담이 있습니다.
부정적인 표현을 습관적으로 쓰는 사람에게는
불운이 찾아옵니다.

"돈 없어!"

이 말을 자주 하는 사람이 있습니다. 혹시 당신도 그렇다면 오늘부터 그 습관을 고쳐야 합니다.

돈이 없다는 말에는 강한 파괴력이 있기 때문입니다. 쓰면 쓸수록 나쁜 일이 생기죠. 그만큼 무서운 말입니다.

그런데 많은 사람이 그 사실을 모릅니다. 그래서 돈이 없다는 말을 무심코, 자주 합니다. 어쩌면 당신도 하루에 한 번 정도는 이 말을 할지도 모르겠습니다.

돈이 없는 사람일수록 그 말을 멀리해야 합니다. 그 말이 사람을 가난으로 더욱 몰아넣으니까요.

돈이 없다는 말의 배경에는 이런 생각이 깔려 있습니다.

'그러니까 ○○을 살 수 없어.'

'그러니까 ○○을 할 수 없어.'

돈이 없어서 욕구를 충족시키지 못하는 현실이 불만스럽습니다. 그래서 현실을 원망하다가, 결국에는 돈을 원망하죠.

홀로 있을 때 더 미소 지어라

'내가 불행한 건 다 돈 때문이야!'

돈에 대한 비판, 반발, 저항 등등 돈이 없다는 말에는 그런 부정적인 요소가 숨어 있습니다. 돈을 욕하면 금전운이 떨어지는 것도 당연하지요.

게다가 돈이 없다고 밥 먹듯이 말하면, 돈이 없다는 사실이 잠재의식에 새겨집니다. 이는 마치 "돈 없는 사람이 되게 해주세요"라고 기도하는 것과 같습니다. 무의식적으로 나쁜 소원을 비는 셈이지요.

잠재의식은 그 소원이 좋은지 나쁜지 신경 쓰지 않습니다. 그저 주인이 원하는 대로 길을 만들 뿐입니다. 그래서 당신은 돈 많은 싱글이 되기는커녕 점점 빈곤해집니다.

돈이 없다는 말을 할 때마다, 가난이 당신에게 다가옵니다. 의식적으로 그 말을 줄이세요. 돈이 없다는 말 대신 긍정적인 표현을 쓰세요.

예를 들어 친구가 당신에게 여행을 가자고 말했습니다. 그런데 지금 당신에게는 돈이 없습니다. 이때 보통 사람이라면 돈이 없어서 못 간다고 말하지요. 하지만 당신은 대신 이렇게 말하는 겁니다.

"미안, 가고 싶지만 그날엔 다른 약속이 있거든. 다른 날 가면 안 될까?"

그리고 월급날에 맞춰서 날짜를 조정합니다.

"○일에는 나 시간 있는데. 그날은 어때?"

이렇게 대처하면 돈이 없다는 말을 하지 않아도 됩니다. 게다가 즐거운 여행 계획까지 짤 수 있죠. 부정적인 표현을 쓰지 않았으므로, 전화를 끊은 뒤에도 기분이 깔끔합니다.

한편, 돈이 없다는 말을 쉽게 내뱉는 사람은 부정적인 표현을 자주 씁니다.

"그날은 무리야."

"돈이 없어서 안 돼."

이런 부정적인 표현은 사람을 우울하게 만듭니다. 되도록이면 쓰지 마세요.

말이 씨가 된다는 속담이 있습니다. 이 말처럼, 부정적인 표현을 습관적으로 쓰는 사람에게는 정말로 안 좋은 일이 생깁니다. 우선은 돈이 안 생기지요. 그리고 친구와 멀어지게 됩니다. 그도 그럴 것이, 돈이 없다고 매번 거절하는 상대에게 몇 번이고 다시 전화할 사람은 없으니까요. 친구가 당신에게 놀러가자고 말하는 횟수는 점점 줄어들 것입니다.

또 당신이 돈이 없다고 계속 말하면, 주위 사람들은 당신을 멀리하거나 얕보겠지요. 이는 모두 당신 스스로 자초한 일입니다. 이런 평가를 받고 싶지 않다면 돈이 없다고 투덜대지 마세요.

긍정적으로 생각하세요. 돈이 좀 부족하다고 해서 사람이 죽는 건 아닙니다. 마음을 강하게 먹으세요.

"돈이 없어!"

이 말을 당신 인생에서 완전히 지워버리세요. 그러면 삶이 편안해집니다. 더는 돈을 원망하지 않아도 되고, 돈이

홀로 있을 때 더 미소 지어라

없어도 여유롭고 즐겁게 지내는 방법을 터득하게 됩니다. 게다가 당신의 인상까지 달라집니다.

항상 여유로운 당신, 참으로 호감가는 사람일 것입니다.

♣ 삶을 이기는 멘토

1. 돈이 없어도 돈이 없다고 궁색하게 외우고 다니지 마세요. 그냥 가만히 참고 기다리며 노력하는 것입니다. 돈이 들어올 때까지 말입니다.

강해지는 지혜를 담은
아름다운 에세이

삶의 기쁨을 노래하는 카나리아

이모는 예전에 카나리아 한 마리를 기른 적이 있었다. 카나리아는 이모가 진공청소기로 청소할 때마다 그 소리에 맞춰 노래 부르길 좋아했다. 진공청소기의 모터 소리가 그 작은 새에게 음악적 영감을 불어넣어주는 것 같았다.

한번은 카나리아도 사람처럼 예술적 영감을 받아 노래를 부른다는 것을 깨닫게 해준 사건이 있었다. 그날 이모는 진공청소기로 두꺼운 커튼의 먼지를 제거할 참이었다. 이모는 진공청소기 플러그를 콘센트에 꽂았다. 카나리아는 기쁨에 겨워 조잘거리면서 모터 소리에 맞춰 몸을 흔들며 노래를 부르기 시작했다.

이모는 점점 커튼 청소에 열중했고, 그 작은 녀석이 커튼 레일 한쪽 구석에 앉아 있는 것을 보지 못했다. 이모는 무심결에 흡입구를 그쪽으로 갖다대었고, 새는 순간적으로 청소기 안으로 빨려들어갔다.

이모는 기겁을 하며 청소기의 전원을 내렸다. 애지중지 아끼던 귀여운 새가 죽고 말았다는 생각에 눈앞이 캄캄해졌다. 이모는 진공청소기 흡입대에 귀를 대고 혹시라도 무슨 소리가 들려오는지 들어보려 했다. 카나리아의 조그마

홀로 있을 때 더 미소 지어라

한 노랫소리가 아득히, 그렇지만 분명하게 들려왔다.
　이모가 흡입구에 입을 대고 소리쳤다.
　"엄마가 널 구해 줄게."
　황급히 청소기의 먼지받이 주머니를 열어젖혔다. 카나리아의 청아하고 아름다운 노랫소리가 흘러나왔다. 손을 길게 뻗어 주머니 속을 더듬어보았다. 카나리아는 날갯짓을 하며 먼지받이 주머니를 빠져나와 커피 탁자에 날아가 앉았다. 녀석은 여전히 아름다운 소리로 노래했다. 이모는 경이로움에 가슴이 따뜻해지도록 감동하며 녀석을 물끄러미 바라보았다.
　그 작은 카나리아를 떠올릴 때마다, 삶의 기쁨을 노래하던 그 작은 새의 인내심과 불굴의 의지에 감탄하게 된다. 나는 그 작은 카나리아처럼 내 목소리를 분명히 내야겠다.

밀러

7

여자가 이기는 88 습관
창조적인 휴식을 가져라

당신은 귀중한 여가를 보낼 계획을 세우고 있습니까?
여기 당신을 위한 편안한 벤치가 마련되어 있습니다.
지금 이 책을 열고 들어오십시오.

이미 써버린 금화 열 냥보다 내 주머니에 남아 있는 금화 한 냥이 더 소중하다. 들어올 돈을 미리 생각해서 돈을 쓰지 말라. 끝내 돈이 들어오지 않는 일이 허다하고, 들어온다 해도 기대보다 적은 법이다. 반면에 나가는 비용은 언제나 늘어나게 마련이다.

지금 시간이 남는다고 해서 그만큼 시간을 헤프게 쓴다면, 이것은 매우 어리석은 짓이다. 시간은 영원히 이어지지 않는다. 나중에 다시 시간에 쫓기게 되면, 그때는 시간뿐 아니라 돈과 명예마저 잃게 될 것이다.

레몬이 있으면 레모네이드를 만들어라

승자 주머니에는 꿈이 있고
패자 주머니에는 욕심이 있습니다.

'레몬이 있으면 레모네이드를 만들어라.'
이것이 나의 좌우명입니다.
그런데 당신은 인생이 당신에게 준 레몬을 팽개쳐 버리고는 자포자기하고 있군요.
'나는 졌어. 이게 운명이지. 이제 기회는 없어.'
이렇게 당신은 세상을 원망하고 자기 연민에 빠져들고 맙니다. 그러나 지혜로운 여성은 다릅니다. 레몬을 주면, 그들은 스스로 이렇게 묻습니다.
'어떻게 하면 이 상황에서 지혜롭게 벗어날 수 있을까? 어떻게 하면 이 레몬을 레모네이드로 만들 수 있을까?'
한평생을 바쳐 인간의 잠재능력을 연구한 위대한 심리학자 아들러 박사는 말했습니다.
"인간이 가진 가장 놀랄 만한 특성은 마이너스를 플러스로 바꾸는 힘입니다."
자, 델마 톰슨이란 여성의 이야기를 들어보세요.
군인이었던 델마의 남편은 캘리포니아 모하비 사막 근처의 육군 훈련소에 배속되었습니다. 그래서 남편을 따라 그녀도 그곳으로 이사를 했지요. 그러나 그녀에겐 참담한 날

창조적인 휴식을 가져라

들만 전개되었습니다. 남편이 모하비 사막으로 훈련을 떠나면, 그녀 혼자 50도가 넘는 선인장 그늘 아래서 말동무 하나 없이 지내야 했지요. 그런가 하면 언제나 모래바람이 불어 음식물은 물론이고 호흡하는 공기 속에도 모래가 가득 차 있었습니다. 그녀는 친정 부모님께 편지를 써서 호소했습니다. 그곳에서 사느니 차라리 감옥에 가는 편이 낫겠다고 불평했지요.

그런데 친정아버지의 회답은 단 두 줄뿐이었습니다. 하지만 그녀는 그 두 줄을 평생 잊지 못했다고 합니다. 바로 그것이 그녀의 삶을 바꾸어 놓았으니까요.

'두 사나이가 감옥에서 철창 너머로 밖을 내다보았단다. 한 사람은 진흙탕을, 다른 한 사람은 별을 보았다는구나.'

그때부터 그녀는 별을 찾으려고 노력했습니다. 원주민들과도 사귀었지요. 원주민들의 반응은 그녀를 놀라게 했습니다. 그녀가 그들의 편물이라든가 도자기에 흥미를 보이자, 그들은 여행자에게도 팔지도 않던 소중한 것들을 이것저것 마구 선물하는 것이었습니다.

그녀는 선인장, 용설란, 여호수아 나무 따위의 기묘한 모양을 연구했습니다. 그리고 사막의 해가 지는 것을 바라보기도 하고, 수백만 년 전 사막이 바다의 밑바닥이었을 무렵에 존재했을 법한 조개껍질을 찾아보기도 했습니다.

도대체 무엇이 그녀를 그렇게 변화시킨 걸까요. 모하비 사막은 아닙니다. 그렇다면 무엇일까요. 당연히 그녀가 변한 것입니다. 그녀의 마음가짐이 달라진 것입니다. 그녀는 비참한 경험을 그녀 생애에서 가장 즐거운 모험으로 바꾸

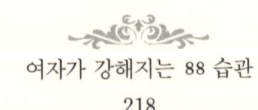
여자가 강해지는 88 습관

어 버렸습니다. 그녀는 자신이 만든 감옥에서 밖을 보고 별을 찾아낸 것입니다. 바로 레몬 한 개로 톡 쏘는 향긋한 레모네이드를 만드는 법을 알아낸 것이지요. 한 개의 레몬으로 인생의 레모네이드를 만드는 것이야말로 지친 몸과 마음에 창조적 휴식을 불어넣는 유용한 습관입니다.

♣ 삶을 이기는 멘토
1. 당신은 단조로운 삶에 지쳐 있습니까?
2. 당신의 식탁엔 레모네이드를 만들 레몬이 준비되어 있나요?

생각하고 감사하라

90퍼센트의 옳은 일에 마음을 집중하고
10퍼센트의 옳지 못한 일은 잊어버리고 무시하세요.

인생에서 약 90퍼센트의 일은 옳고, 나머지 10퍼센트는 옳지 않습니다. 그러므로 우리가 행복하기를 바란다면, 90퍼센트의 옳은 일에 마음을 집중하고 10퍼센트의 옳지 못한 일은 잊어버리고 무시하면 됩니다. 고민하다가 위궤양에 걸리고 싶으면, 마음을 10퍼센트의 잘못에 집중하여 보람 있는 90퍼센트의 것을 무시하면 됩니다. 영국 크롬웰 종파의 여러 교회에 가면 '생각하고 감사하라'고 새긴 현판이 걸려 있는 걸 쉽게 볼 수 있습니다. 이 말을 당신의 마음속에 꼭 새겨 두세요.

부정적인 생각 속에 빠져 살면, 어떠한 창조적 휴식의 보람도 얻을 수 없답니다. 긍정적인 습관의 힘을 믿으십시오.

♣ 삶을 이기는 멘토
1. 당신은 혹시 부정적인 생각 속에 빠져 있지는 않나요?
2. 긍정적인 습관의 힘을 꼭 믿으십시오.
   당신의 생활이 훨씬 더 빛날 것입니다.

고난이 가져온 진정한 휴식

때때로 알 수 없는 불안이 고개를 드나요?
마음의 카메라 초점을 잘 맞추려고 스스로를 다독이세요.

서리가 짙게 내린 10월의 어느 날 저녁, 집도 없이 떠도는 한 가난한 여인이 마더 웹스터의 집 문을 두드렸습니다.

웹스터가 문을 열자, 뼈와 가죽뿐인 가련하고 자그마한 체구의 한 여인이 서 있었습니다.

웹스터 부인은 재빨리 그 여인을 집 안으로 들여서 따뜻한 수프와 차를 대접했습니다.

그런데 며칠 뒤 웹스터 부인의 사위 빌이 휴가차 들렀습니다.

그는 집 없는 여인을 보자, 대뜸 말했습니다.

"우리 집에 뜨내기를 둘 수야 없잖아요."

그 바람에 이 집 없는 여인은 곧 쫓겨나고 말았습니다. 그날은 비가 몹시 내렸습니다. 그녀는 갈 곳을 몰라 빗속에서 한참을 서성이다가 비를 피할 곳을 찾아 정처 없이 헤매었습니다.

그런데 여기에 이 이야기의 놀라운 곡절이 있습니다. 집 밖으로 쫓겨난 그 여인은 훗날 세계 역사상 실로 커다란 영향을 미칠 운명을 지니고 있었던 것입니다.

창조적인 휴식을 가져라

그녀가 바로 수백만 신도의 숭배를 받은 '크리스천 사이언스'의 창시자 메리 베이커 에디였습니다.

당신은 고난의 가치를 어느 선상에 두고 보나요? 나는 지금 인생의 참다운 가치에 대해서 생각합니다. 에디의 이야기를 통해, 나는 고난이 인생에 얼마나 놀라운 힘을 발휘하는지를 뚜렷이 알 수 있기 때문입니다. 에디는 극심한 고난으로 인해 차원 높은 정신의 영역에 도달한 것입니다. 바로 그녀는 진정한 휴머니스트가 된 것이지요.

때때로 알 수 없는 불안이 고개를 드나요? 마음의 카메라 초점을 잘 맞추려고 스스로를 다독이세요.

삶에서 얻는 평화와 기쁨은, 우리가 어디에 위치하고 무엇을 얼마나 갖고 있느냐에 달린 것이 아니라, 고난을 이긴 성숙한 생각의 힘에 달려 있다고 나는 확신합니다.

나폴레옹은 열망하던 명예와 권력과 부귀를 누리고 있었는데도, 이렇게 인정했습니다.

"내 일생에서 행복했던 날은 단지 엿새에 불과하였다."

나는 지금 당신에게 이렇게 묻고 싶습니다.

"지금까지의 생에서 당신이 행복했던 날은 며칠이었나요?"

♣ 삶을 이기는 멘토

1. 당신은 지금의 삶에 만족하나요?
2. 만일 당신이 지금 행복하지 못하다면, 그 원인은 어디에 있을까요?

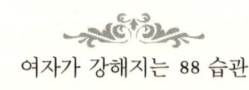

부드러운 대답이 마음을 움직입니다

타인의 충고에 화내지 마세요.
한 번의 인사편지가 구직의 길을 열수도 있습니다.

처음 내가 직장을 찾던 시절의 이야기를 들려줄까 합니다.

나는 언어구사에 자신이 있었으므로, 무역회사에 취직하려 했습니다. 그러나 몇 개의 무역회사를 돌아다녀 보아도 빈자리가 없으니 이름만 적어놓고 가라는 말뿐이었습니다. 어느 회사나 대답은 마찬가지였지요. 그런데 개중에 한 회사만이 다음과 같은 회답을 보내왔습니다.

"귀하가 무역회사에 취직하기는 상당히 어려울 듯합니다. 저희 회사는 더 이상 직원을 채용하지 않습니다만, 만일 채용한다 해도 당신을 고용할 생각은 조금도 없습니다. 당신의 입사지원서는 오류투성이였습니다."

당신이라면, 이런 회답을 받고 어떻게 하겠습니까?

처음에 나는 무척 화가 났습니다. 하지만 곧 마음을 가다듬었습니다.

'어쩌면 이 사람 말이 맞을지도 몰라. 내 딴에는 외국어에 능통하다고 생각하지만, 모국어도 미처 몰랐던 것은 아닌지. 그렇다면 취직하기 위해 좀 더 글 쓰는 법을 진지하게 배워야 하지 않을까. 이 사람은 내게 좋은 충고를 해준

창조적인 휴식을 가져라

거야. 말솜씨는 없지만, 그의 호의는 감사할 만해. 그러니 한번 인사 편지라도 보내는 게 어떨까.'

그리하여 나는 화를 삭이고, 다음과 같은 편지를 썼습니다.

"직원채용을 하지 않는데도, 애써 회답을 주셔서 감사합니다. 더욱이 귀사의 사정을 몰랐던 것에 대해 죄송하게 생각합니다. 귀사에 지원서를 보냈던 것은 다름이 아니라, 귀사가 무역업계에서도 손꼽히는 기업이라는 것을 알았기 때문입니다. 저의 지원서에 문법상의 잘못이 있었던 데 대해서는 부끄러움을 금할 수 없습니다. 앞으로 더욱 열심히 공부하여 다시는 그런 그르침이 없도록 하겠습니다. 제게 친절을 베풀어 주셔서 깊이 감사드립니다."

며칠 뒤, 나는 바로 방문요청을 받고 찾아갔다가 일자리를 구하게 되었습니다. 나는 한 가지 사실을 깨달았지요.

'부드러운 대답이 마음을 움직입니다.'

♣ 삶을 이기는 멘토
1. 당신은 입사지원서 작성 시 얼마나 주의를 기울이나요?
2. 직장에선 왜 당신을 채용했을까요?

당신은 왜 피로한가?

적을 용서하고 마음속 분노를 잊으려면,
자기보다도 무한히 큰 어떤 대의에 몰두해야 합니다.

당신은 지금 극심한 피로에 시달리고 있나요? 그렇다면, 그 원인은 무엇일까요? 당신을 편히 잠 못 들게 하는 것, 지쳐서 소파 위로 몸을 던지게 하는 것, 눈이 충혈 되어서 책도 못 보게 하는 그 피로의 진정한 원인은 무엇일까요?

한번 수족 인디언들의 기도를 들어 보세요.

"오오, 위대한 신이시여! 내가 보름 동안 그의 가죽신을 신어 보기까지는 그를 판단하거나 비평하지 않도록 나를 지키소서."

혹시 당신은 누군가를 용서하지 못하고 거듭 비평하는 나쁜 습관이 들어있진 않나요? 그렇다면, 결코 편안한 휴식을 맛볼 수 없답니다.

어린 시절, 우리 집은 매일 밤 가정예배를 드렸답니다. 온 가족들이 모두 무릎을 꿇고 성서의 한 구절을 읽거나 성구의 일부를 되풀이하였지요.

그런데 지금도 아버지께서는 한적한 시골에 사시며, 다음과 같은 예수님의 말씀을 되풀이하십니다.

'나는 너희에게 이르노니 너희 원수를 사랑하라. 너희를 핍박하는 자를 위하여 기도하라.'

창조적인 휴식을 가져라

아버지는 그리스도의 이 말씀을 통해 마음의 평화를 얻으실 수 있었던 것입니다.

예로부터 사람들은 자신의 적에게 아무런 악의도 품지 않는 그리스도와 같은 사람들에게 존경을 바쳐 왔습니다.

캐나다의 재스퍼 국립공원의 경치는 북미에서도 가장 아름답습니다. 이 산은 1915년 10월 12일에 독일 소총부대 앞에서 성녀처럼 죽어간 영국인 간호사 에디스 카벨의 이름을 따서 마운트 벨이라고 불립니다. 대체 그녀는 어떤 죄를 지었나요? 그녀는 벨기에에 살면서 영국과 프랑스 부상병을 간호하고 식사를 제공하면서 그들을 도와 폴란드로 도망시켰던 것입니다. 운명의 10월 아침, 브뤼셀의 군 형무소 안 감방으로 영국의 종군 목사가 찾아와 그녀에게 죽음을 준비시킬 때, 에디스 카벨은 이렇게 말했다고 합니다.

"애국심만으로는 부족합니다. 나는 그 누구도 증오하지 않으렵니다."

이로부터 4년 뒤, 그녀의 유해는 영국으로 이송되어 웨스트민스터 사원에서 추도식이 거행됐습니다. 얼마 전 런던에 갔을 때, 국립 초상화 미술관을 향해 서 있는 그녀의 동상 앞 화강암에 새겨진 불후의 명언을 읽었습니다.

"애국심만으로는 부족합니다. 나는 그 누구도 증오하지 않으렵니다."

적을 용서하고 마음속 분노를 잊으려면, 자기보다도 무한히 큰 어떤 대의에 몰두해야 합니다. 그러면 모욕이나 적의는 아무런 문제도 되지 않습니다. 대의 이외의 온갖 것에 대해 신경 쓰지 않게 되기 때문입니다.

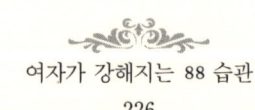

이젠 당신도 모든 비평과 분노로부터 자유로워지세요. 그 자유를 습관으로 삼으세요. 그때서야 비로소 마음을 얽어매는 모든 피로에서 벗어나 창조적인 휴식을 누리게 될 것입니다.

♣ 삶을 이기는 멘토

1. 지금 당신은 말할 수 없이 피곤합니다. 어떻게 하면 그 무거운 피로에서 벗어날 수 있을까요?
2. 비평과 분노로부터 자유로워지세요. 그것을 습관으로 삼으면, 당신은 마침내 승리하게 되는 것입니다.

창조적인 휴식을 가져라

오늘을 잘 살아라

우리는 모래시계와 같은 존재입니다.
모래시계의 모래가 잘록한 부분을 통과하듯이
천천히 일정한 속도로 일을 해낼 수밖에 없습니다.

당신은 너무 먼 곳을 바라보고 있지는 않은가요?
그래서 눈이 침침하고 기운이 없는 것은 아닌가요?
이제는 너무 먼 곳을 바라보느라고 몸이 피곤해지는 일이 없도록 하세요. 당신에게 중요한 것은, 아득한 곳에서 희미하게 빛나는 별빛에 눈길을 주는 것이 아니라, 아주 가까이서 선명하게 반짝이는 존재에 관심을 기울이는 것이니까요.
당신이 인생에서 성공하기를 바란다면, 과연 성공의 열쇠는 무엇일까요?
그것은 바로 오늘 하루를 충실히 사는 것입니다.
이제 과거와는 결별하고, 미래는 아직 떠올리지 맙시다.
이미 생명이 없는 과거는 사자의 손에 맡기고, 다가오지 않은 미래는 신에게 넘겨줍시다. 어제의 짐에 내일의 짐까지 모두 오늘 지고 가려 하면 아무리 강한 사람이라도 쓰러지고 말 것입니다. 과거도 미래도 닫아 버리십시오. 정력의 낭비나 정신적 고뇌 그리고 번민은 과거를 집착하고 미래를 걱정하는 사람들과 보조를 맞추며 따라다닙니다.

〈주의 기도〉의 한 구절을 생각해 봅시다.

'오늘날 우리에게 일용할 양식을 주옵소서.'

이 기도는 단지 오늘의 양식만을 구하고 있습니다. 어제 먹었던 딱딱한 빵에 대해 불평을 늘어놓지 않습니다. 오늘의 빵이야말로 우리가 먹을 수 있는 유일한 빵입니다.

예수님은 동서고금을 막론하고 아마도 가장 많이 인용되었을 다음 교훈을 군중들에게 들려주었습니다.

"내일 일을 위하여 염려하지 말라. 내일 일은 내일 염려할 것이오, 한 날 괴로움은 그 날에 족하니라."

분명 내일 일은 주의 깊게 생각하고 준비하며 계획해야 합니다. 하지만 불안해서는 안 됩니다.

언제 어느 때이든지 좋은 생각과 나쁜 생각에는 차이가 있습니다. 즉 좋은 생각은 원인과 결과를 규명하여 논리적이며 건설적인 계획에 이르게 하고, 나쁜 생각은 때때로 긴장과 신경쇠약에 이르게 합니다.

당신의 일생을 모래시계라고 생각해 보세요. 모래시계 위쪽에는 무수한 모래가 있지 않나요? 그것은 일정한 속도로 천천히 중앙의 잘록한 홈을 타고 통과하는 것입니다. 그러나 한 알 이상을 한꺼번에 통과시키려 한다면 모래시계는 망가지고 말겠지요.

우리는 모래시계와 같은 존재입니다. 아침에 일을 시작할 때는 그날 해야 할 일이 산더미처럼 쌓였다고 생각하게 됩니다. 그러나 우리는 한 번에 한 가지씩밖에 하지 못하고, 모래시계의 모래가 잘록한 부분을 통과하듯이 천천히 일정한 속도로 일을 해낼 수밖에 없습니다. 그렇지 않으면

창조적인 휴식을 가져라

육체나 정신의 활동이 망가지고 말 것입니다.

당신은 누적된 과거의 짐과 알 수 없는 미래에 대한 불안으로 하루하루 자신을 들볶으며 살아가고 있진 않나요? 만일 당신이 선인의 말에 귀를 기울인다면, 틀림없이 행복하고 풍요로운 생활을 할 수 있을 것입니다.

우리는 지금 불멸하는 두 영원이 서로 만나는 접점에 서 있습니다. 즉 방대한 과거의 짐과 전속력으로 돌진해오는 미래의 회오리 속에 서 있는 것입니다. 우리는 이러한 영원의 어느 쪽에서도 살 수 없습니다. 한 순간도 살 수 없는 것입니다. 그렇게 했다가는 육체나 정신 모두 파괴되고 말 것입니다. 그러니 우리가 살 수 있는 시간만으로 만족해야 하지 않을까요?

만일 당신의 눈이 침침해지고, 온몸의 기운이 빠지고, 항상 피곤하다면, 이제부터 오늘을 사는 습관을 들이십시오. 그런 다음에야 비로소 마음 놓고 휴식을 취할 수 있을 것입니다.

♣ 삶을 이기는 멘토
1. 당신은 오늘 아침에도 마음이 무거운가요?
   어깨를 짓누르는 과거의 짐은 이제 벗어버리세요.
2. 당신은 오늘도 한없이 피곤한가요? 회오리처럼 돌진해 오는 미래는 잠시 접어두세요.

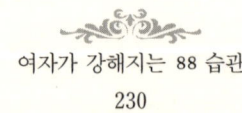

괴로움을 모두 털어 놓아라

걱정거리가 생기면,
당신은 털어놓을 수 있는 상대를 찾아야 합니다.

걱정거리가 생겼을 때, 혼자서 가슴 속에 품고 괴로워만 한다면, 마음의 병만 깊어갈 뿐입니다.

그렇다면 어떻게 해야 할까요?

바로 최선책은 누군가에게 마음의 근심을 모두 털어 놓는 것입니다.

나는 가정 문제로 고민하던 한 여성이 자신의 고민을 털어놓은 뒤에 상쾌한 기분을 갖게 된 것을 직접 보았습니다. 처음 그녀는 말을 꺼낼 때 몹시 흥분했으나, 이야기를 하는 동안에 평정을 되찾았습니다. 그리고 면담이 끝날 무렵에는 미소까지 지어 보였습니다.

그녀의 기분이 전환된 것은 누군가에게 고백한 뒤, 약간의 충고와 동정을 받았기 때문입니다. 사실 그녀의 심경에 변화를 가져온 것은 '말'이 가진 치료의 힘이었습니다. 오늘날의 정신분석은 어느 정도 이러한 언어의 치유력을 토대로 하고 있습니다.

프로이트 이래 정신분석학자들은 환자가 그들 문제에 대해서 털어놓기만 한다면 마음속 불안으로부터 해방되어 안정을 찾을 수 있다는 것을 알았습니다. 고민을 털어놓음으

창조적인 휴식을 가져라

로써 스스로 어느 정도 정확하게 포착할 수 있으며 사물의 경중을 판단할 수 있기 때문입니다.

우리는 다른 사람에게 '털어놓는 것', '가슴속에 맺힌 것을 토해내는 것'에 의해 곧바로 해방감을 맛볼 수 있다는 것입니다.

만일 걱정거리가 생기면, 당신은 털어놓을 수 있는 상대를 찾아야 합니다. 그렇다고 아무나 붙들고 징징거리거나, 못난 꼴을 드러내 여러 사람의 비웃음을 사라는 말은 아닙니다. 신뢰할 수 있는 사람을 골라 멘토로 삼아야 할 것입니다.

당신만의 진정한 멘토를 찾아 나서십시오. 당신 안의 갖가지 괴롭고, 아프고, 추하고, 아쉬운 부분들을 모두 드러낼 수 있는 멘토를 찾는 일이 급선무입니다. 만일 그런 사람을 찾았다면, 당신의 마음의 병은 머지않아 치유될 것입니다.

♣ 삶을 이기는 멘토
1. 당신은 마음의 고민을 모두 털어놓는 상대가 있습니까?
2. 멘토를 찾아나서는 일은 왜 힘이 들까요?

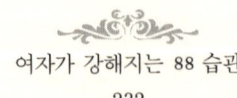

있는 그대로 받아들여라

만일 패배가 눈에 훤히 보이는 싸움이라면,
그때는 있는 그대로를 받아들이십시오.

우리를 행복하게 만드는 것은, 주변의 조건이 아니라 주변의 조건에 반응하는 자세에 달려 있습니다.

예수님도 천국이 우리 안에 있지만, 지옥도 우리 안에 있다고 말했습니다.

오늘 당장 가장 두려워했던 불행이 닥친다면?

당신은 인생의 '최악의 불행'에 어떻게 반응하겠습니까? 드디어 올 게 왔다고 느낄까요? 당신 인생도 그것으로 마지막이라고 생각할까요?

아닙니다. 절대 포기하지 마세요. 당신은 뜻밖의 재난을 이겨내고 승리를 얻을 수 있습니다. 지금은 할 수 없다고 생각할지 모르지만, 놀랍게도 당신에게는 언제든지 활용 가능한 강인한 잠재능력이 갖추어져 있습니다. 억센 불운의 그림자가 당신의 강한 정신력 앞에서 무릎을 꿇도록 하십시오.

만일 패배가 눈에 훤히 보이는 싸움이라면, 그때는 있는 그대로를 받아들이십시오. 반항하거나 발버둥 친다고 해서 불가피한 일을 바꿀 수는 없습니다. 빙 돌아간다고 해서 피할 수 있는 것도 아닙니다. 결국엔 그 자리에서 맞닥뜨

창조적인 휴식을 가져라

리고 마는 것이지요.

　물론 조금이나마 나아질 여지가 있다면, 싸워야 합니다. 그러나 당신의 최선의 능력으로도 어찌 해 볼 수 없는 상황이라면, 조용히 고개 숙이고 모든 것을 감수하십시오.

　흐르는 시간을 따라, 당신을 괴롭히는 모든 문제들도 흘러갈 것입니다. 언젠가는 비로소 충만한 휴식을 누릴 여유가 생기겠지요.

♣ 삶을 이기는 멘토
1. 인생의 길목에서 해결할 수 없는 문제들을 만난 적이 있나요?
2. 당신의 능력으로도 해결 불능인 상황에 처하면, 시간이 흐르기만을 기다리는 수밖에 없습니다.

바쁘게 사는 것이 최선의 휴식이다

건설적인 일을 찾아서 해보세요.
당신이 골머리를 썩고 있는 문제들이
표면으로 떠올랐다 깊은 바닷속으로 잠수해 버릴 것입니다.

과학자 파스퇴르는 도서관과 실험실에서 평화를 얻었다고 말했습니다. 그곳에서 어떻게 평화를 구할 수 있었을까요? 도서관과 실험실에 있는 사람은 연구에 몰두하기 때문에 고민할 틈이 없습니다. 연구에 전념하는 사람 가운데 신경쇠약에 걸리는 이는 거의 없습니다. 그런 사치스러운 병에 걸릴 시간적 여유가 없기 때문입니다.

바쁜 일상이 불안을 없애는 데 왜 도움이 될까요? 이것은 심리학의 가장 기본적인 법칙입니다. 아무리 뛰어난 사람이라도 한 번에 한 가지 이상의 것을 생각하는 것은 불가능합니다. 믿기지 않으면 실험해 보세요. 지금 당장 의자에 깊숙이 기대앉아 눈을 감으세요. 그리고 가족의 얼굴과 내일 아침 하려고 마음먹은 일을 동시에 생각해 보세요. 어떤가요? 두 가지를 번갈아 생각할 수는 있지만, 한 번에 그렇게 할 수는 없다는 것을 알았을 것입니다.

이는 감정의 영역에서도 마찬가지입니다. 마음 한 구석에서 즐겁게 뭔가에 열중하면서, 동시에 다른 구석에서 고민으로 의기소침해 있을 수 없다는 것입니다.

창조적인 휴식을 가져라

하나의 감정은 다른 감정을 몰아냅니다. 이 단순한 발견으로, 전쟁의 와중에서 정신과 군의관들은 기적을 이루었습니다. 전장에서 충격적인 경험에 짓눌려 후송된 장병들에게는 대체로 '신경쇠약증'이란 진단이 내려지는데, 군의관들은 그들을 '분주하게 만드는 것'이 가장 좋은 치료법이라고 보았습니다. 정신이상을 일으킨 사람들에게 잠자는 시간을 빼고는 계속 활동하게 만드는 것이 처방이었습니다. 치료는 낚시, 사냥, 야구, 골프, 사진 찍기, 정원 가꾸기, 댄스 등 주로 야외활동에 의해 이루어졌습니다. 지난날의 괴로웠던 기억들을 곰곰이 되새길 여유를 주지 않기 위해서였습니다.

퀘이커 교도는 벤저민 프랭클린 시대에 필라델피아에서 이 요법을 썼습니다. 1774년, 퀘이커 교도 요양소를 방문한 한 사람은 정신병 환자들이 분주하게 아마(亞麻)로 길쌈하는 것을 보고 놀랐다고 합니다. 그는 환자들이 얼마쯤 일을 하는 것이 병 치료에 좋다는 말을 듣기까지, 불쌍한 환자들이 착취당하고 있는 줄 알았습니다. 일에 열중하다 보면 신경이 진정되는 것을 활용한 치료법이지요.

이에 대해 정신과 전문의는 환자들에게 일을 시키는 것, 그것도 바삐 움직이게 하는 것이 신경병에 가장 좋은 대증요법이라고 말합니다.

고민은 행동할 때는 자취를 감추고 있다가, 하루의 일과가 끝날 무렵에 가장 강력하게 공격해 옵니다. 이때에 우리의 상상력은 분방하게 움직이며, 온갖 그릇된 가능성을 불러들여 실수를 저지르게 만듭니다. 이와 동시에 마음은 짐을 싣지 않고 달리는 마차처럼 질주하다가 축바퀴에 불을 붙이든가 산산조각 내버리기도 합니다. 그러므로 고민에 대한 치료법은 건설적인 일에 몰두하는 것이지요. 이제부터는 건설적인 일을 찾아서 해보세요. 당신이 골머리를 썩고 있는 문제들이 표면으로 떠올랐다 깊은 바닷속으로 잠수해 버릴 것입니다. 나중에는 자취도 없이 사라지겠지요. 그리고 그 다음에는 창조적 휴식이라는 신의 은총을 맛볼 수 있을 것입니다.

♣ 삶을 이기는 멘토

1. 갖가지 고민들이 마음을 괴롭힙니다. 그럴 때 어떻게 하면 될까요?
2. 고민거리들을 생각할 틈조차 주지 않고 바쁘게 일하세요. 그 다음에 창조적 휴식을 가질 수 있습니다.

창조적인 휴식을 가져라

피로해지기 전에 쉬어라

피로해지기 전에 쉬는 습관을 들이세요.
깨어 있는 인생에 하루 한 시간을 더 보탤 수 있습니다.

오래 누적된 피로는 때때로 고민의 원인이 됩니다. 피로가 고민에 감염되기 쉬운 환경을 만들기 때문이지요. 즉 피로는 감기를 비롯하여 온갖 질병에 대해 육체적 저항력을 약화시킵니다.

그러면 피로를 예방하기 위해서 어떤 노력을 기울여야 하나요? 피로를 느끼기 전에 먼저 휴식을 취하세요. 그것이 피로와 고민을 예방하는 제1법칙입니다.

그렇다면, 왜 휴식이 이렇게까지 중요한 것일까요?

휴식을 취하지 않으면, 피로는 놀랄 만한 속도로 축적되기 때문입니다.

인간의 심장은 매일 탱크차 한 대와 맞먹는 양의 혈액을 온몸에 순환시키기 위해 활동합니다. 그것은 24시간에 2만 킬로그램의 석탄을 3피트의 높이에 올려놓는 데 필요한 에너지를 소비하는 것과 맞먹는 양입니다. 이렇게 도저히 믿을 수 없을 정도의 중노동을 50년, 70년, 경우에 따라서는 90년 동안 계속하는 것입니다. 어떻게 그것을 견뎌낼 수 있단 말인가요?

사람들은 심장은 언제나 움직이고 있다고 생각하는데,

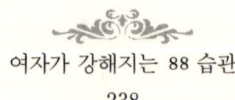

실제로는 수축할 때마다 일정하게 휴식을 취합니다. 분마다 70번이라는 적당한 속도로 고동친다고 할 때, 심장은 실제적으로는 24시간 중 겨우 9시간밖에는 일을 하지 않습니다. 즉, 하루에 15시간이나 쉬는 셈입니다.

윈스턴 처칠은 제2차 세계대전 때, 70대 초반의 나이였는데도 하루 16시간씩 일하며 영국군의 활동을 지휘할 수 있었습니다. 이 경이로운 활동력의 비결은 무엇이었을까요? 그는 매일 아침 11시까지 침대에 누운 채 보고서를 읽고, 명령서를 구술하고, 전화를 걸고, 중요한 회의를 했습니다. 점심식사 뒤에는 두 시간 정도 낮잠을 잤습니다. 또 저녁이 되면 6시부터 8시까지 수면을 취했습니다. 그는 피로를 회복한 것이 아니고, 회복할 필요도 없었습니다. 그는 피로를 예방했습니다. 하루에 몇 번이나 휴식을 취함으로써 그는 한밤중까지 활기차게 일할 수 있었지요.

점심식사 뒤 낮잠을 잘 틈이 생기지 않는다면, 저녁 먹기 전 한 시간쯤 자는 것도 좋습니다. 그것은 칵테일 한 잔보다 싸고 장기적으로 보면 5,467배나 더 효과적입니다. 5시, 6시 또는 7시에 한 시간 정도 잘 수 있다면, 깨어있는 시간에 한 시간을 더 보탠 셈이 됩니다. 왜냐하면 저녁 식사 전 한 시간의 잠과 야간 수면 6시간을 합한 7시간은 연속으로 자는 8시간의 수면보다 훨씬 유익하기 때문이지요. 육체노동자가 휴식시간을 늘릴 수 있다면 보다 더 많은 일을 할 수 있습니다.

군대에서 하는 것처럼 휴식을 취하세요. 피로해지기 전에 쉬는 습관을 들이세요. 그리하면, 깨어 있는 인생에 하

창조적인 휴식을 가져라

루 한 시간을 더 보탤 수 있습니다. 바로 당신은 창조적 휴식으로써 경쟁에서 이길 수 있는 시간을 만드는 것입니다.

♣ 삶을 이기는 멘토
1. 당신은 항상 피곤한가요?
2. 피곤이 몰려올 때마다 쉼으로써, 인생의 경쟁력을 갖출 수 있습니다.

생의 그 날을 위해

"이런 멋진 인생을 살아주어서 고마워."
삶의 마지막 날, 당신의 일생에게 이렇게 감사할 수 있으면
당신은 정말 행복한 사람입니다.

한 세미나에 참석했다가 이런 말을 들었습니다.
"소중한 사람 앞으로 유서를 한번 써봅시다."
이 말을 듣고 내가 유서에 쓴 것은 남편이나 부모님, 회사 동료나 친구에 대한 감사의 말뿐이었습니다.
"유서로는 전할 수 있는 말을 어째서 평소에는 전할 수 없을까요?"
강사가 한 이 말이 인상에 남아있습니다.
마음먹으면 언제든지 감사의 말을 전할 수 있다고 생각하며 늑장을 부리면, 결국 아무것도 전할 수 없습니다.
"늘 함께 있어 주어서 고마워요."
내일 아침 눈뜨자마자 가족에게 감사의 말을 전해 보세요.
"오늘 표정이 밝아 보여요. 나까지 마음이 즐거운데……."
직장동료에게도 감사의 메시지를 전하는 것이 중요합니다.
아인슈타인의 제자 중 하나가 스승에게 이런 질문을 했

창조적인 휴식을 가져라

답니다.

"사람은 무엇을 위해 사는 건가요?"

아인슈타인은 이렇게 답했다고 합니다.

"사람은 남을 위해 살아가는 것입니다."

물리적으로 계산하면, 이 세계에 존재하는 것은 반드시 다른 물질에 영향을 미치고 있다고 합니다.

미국 원주민들은, 사람이 죽는 것은 행복을 다 나눠주었기 때문이라고 여깁니다.

그래서 장례식에선 죽은 사람에게 다함께 마지막 감사의 메시지를 전한다고 합니다.

"모두에게 행복을 다 나눠줘서 고마워요."

어차피 한평생 사는 것이라면, 한 사람에게라도 더 행복을 전하는 편이 즐거울 것입니다.

삶의 마지막 날, 당신의 일생에게 이렇게 감사할 수 있으면 당신은 정말 행복한 사람입니다.

"이런 멋진 인생을 살아주어서 고마워."

생의 마지막 날을 위해 감사의 습관을 들이세요.

당신이 이기는 강한 습관이 될 것입니다.

♣ 삶을 이기는 멘토

1. 당신은 주위 사람들에게 감사의 표현을 잘 하나요?
2. 지금까지 감사의 표현에 서툴렀다면, 이제부터는 듬뿍듬뿍 감사하는 마음을 표현하세요.

강해지는 지혜를 담은
아름다운 에세이

들장미가 우리에게 베푸는 것

    결혼하고 우리가 맨 처음 구입한 집은 버지니아 주 북부의 한 마을에 위치해 있었다.
    버지니아 주는 원래 자연경관이 아름다운 지역이다. 하지만 워싱턴DC에 인접한 장점을 살려 부동산 업체들이 한꺼번에 몰려들어 대규모 주거단지를 속속 개발하는 바람에 아름다웠던 경치가 빠르게 훼손되고 있었다. 1에이커의 땅에 4세대 이상이 들어갈 수 있는 아파트를 여기저기 건설하는 통에 다른 집 안이 훤히 들여다보이는 경우가 많았고, 외관이나 내부가 거의 다 똑같아서 주택구입자의 개인적 취향이 무시되는 것이 보통이었다.
    우리는 집을 구하느라 여러 곳을 돌아다녔지만 마음에 드는 집은 찾을 수 없었다. 아마도 부동산 중개업자가 우리의 목을 비틀어버리고 싶었을 것이다.
    결국 우리는 집을 샀다. 성당의 정문처럼 현관이 높고 그 위에 창문이 있었는데, 그 창을 통해 햇빛이 들어와 집 안을 황금빛으로 꾸며주었다. 실내는 흰색과 금색으로 칠해져 있었는데, 디자인이 단순하면서도 사람들의 마음을 편안하게 해주었다.

창조적인 휴식을 가져라

우리는 그 집으로 이사하여 집 안에 아담한 정원을 꾸밀 계획을 세우면서 우선 식탁 위에 디기탈리스와 참매발톱꽃 화분을 놓았다.

그해 봄 새로운 생명으로 꿈틀댄 것은 자연뿐만이 아니었다. 내가 첫 아이를 임신하였던 것이다. 입덧 증세가 사라지면서 여름이 다가와 좀더 늘어난 낮 시간을 활용해 땅을 일궈보기로 했다.

붉은 빛이 감도는 그 지역의 흙은 식물들이 자라는 데 그다지 좋지 않았다. 물도 흡수가 잘 안 될 정도로 딱딱했다. 정원에는 벌레들도 생기지 않았다. 나는 노스캐롤라이나의 어머니 댁에서 벌레들을 잡아 몇 개의 큰 병에 담아 오기도 했다. 어찌나 정원 꾸미기에 정성을 들이고 열정을 쏟았는지 내 자신이 정원의 일부가 된 것 같은 느낌이었다.

집 뒤 부지는 우리가 이사 올 때부터 텅 빈 채로 남아 있었다. 개발업체들이 미처 손대지 못했던 모양인데 결국에는 그곳마저 깨끗하게 정리해 버렸다. 식물들이 빽빽하게 들어찬 그 부지가 문명사회의 깔끔하고 깨끗한 모습과 어울리지 않는다는 오산 때문이다. 하지만 나는 작은 공간에서나마 대자연의 모습을 느낄 수 있는 기회가 없어진다는 사실이 자못 아쉽기만 했다.

굴착기가 삽시간에 그 부지에 있던 각종 식물들과 잡초들을 쓸어내고 한구석만 남아 있을 때였다. 내 눈에 빨갛게 피어난 장미꽃 송이들이 들어왔다. 나는 화들짝 놀라 차고로 뛰어가서는 삽을 들고 왔다. 삽질을 하기 시작했다. 손에 상처와 흠집이 났다. 장미의 날카로운 가시들이 자기들을 살리려는 내 어설픈 노력을 한사코 뿌리치듯, 내가 끼고 있던 가죽장갑을 찢고 들어왔다. 그러나 나의 필사적인 노력에 보답이라도 하듯 결국 장미나무는 갑자기 뿌리째 뽑혔고, 나는 뒤로 벌렁 자빠졌다.

이웃집 아주머니가 베란다에서 내려다보다가 내게 손을 흔들어 보였다. 나는 그 아주머니에게 손을 흔들어 답례하고 나서, 의기양양하게 집을 향해 달렸다. 집 앞에는 이미 큼지막한 구멍이 패어 있었다. 장미나무는 민감하기 때문에 뿌리가 마르기 전에 옮겨 심어야 했다.

이웃 주민들이 퇴근해 귀가하던 중 내가 무슨 일을 꾸미고 있는지 궁금한 듯 기웃거렸다. 그들은 내가 힘들게 장미나무를 옮겨 심는 것을 보곤 아무 가치도 없는 야생목을 옮겨 심는다고 수군거렸다. 나는 그들의 말에 신경쓰지 않고 내가 옮겨 심은 나무가 야생에서 자라는 들장미라고 일러주었다. 그들은 콧방귀를 뀌었다. 심지어 정원에 야생목을 옮겨심으면 미관을 해쳐, 주변 집 값이 떨어질지 모른다고 투덜거리는 사람도 있었다.

며칠 동안 장미나무는 나뭇잎과 줄기가 축 늘어지고 시들시들해 내 마음을 초조하게 했다. 나는 병에 걸려 시름시름 앓고 있는 어린아이를 돌보듯 아침저녁으로 조심스레 물을 주고 보살폈다. 평소에 깊은 애정으로 나의 엉뚱한 행동들을 묵인하거나 이해해 주던 남편마저 나의 이런 노력들을 부질없는 짓이라고 생각했다. 남편도 여느 사람들과 마찬가지로 대자연의 신비로운 힘을 과소평가하고 있었

창조적인 휴식을 가져라

다. 하지만 결국 축 처졌던 나뭇가지들이 고개를 들고, 나뭇잎들은 되살아났다

장미줄기는 울타리를 타고 올라가더니 결국에는 사방으로 팔을 뻗어 급기야 우리 집 정면 붉은 벽돌을 온통 뒤덮고 말았다. 나는 창문과 창문 사이로 나무줄기가 뻗어나갈 수 있도록 길을 터주었다. 이런 보살핌에 보답이라도 하려는 듯 장미는 믿을 수 없을 정도로 작고 앙증맞은 꽃봉오리들을 피우기 시작했다.

나는 숨막힐 듯 화창한 5월의 어느 날 오후 기다리던 첫 아기를 낳았다. 사랑스러운 아기의 큼직하고 둥근 푸른 눈을 보면 주체할 수 없는 환희에 가득 찼다. 우리는 아기에게 매들린이라는 이름을 지어주었다. 병원에서 돌아오자 장미는 놀라운 선물로 새 식구를 반겨주었다. 빨강색 꽃들이 정면을 가득 채운 것이었다. 아름다움의 극치였다.

우리는 몇 년 뒤 그 집을 떠났다. 하지만 갓 태어난 매들린을 안고 집에 도착했을 때 활짝 핀 그 아름다움으로 우리를 축하해 주던 들장미의 고마움은 잊지 못한다. 내가 그 가치를 인정하고 보살펴 준 데 대한 보답이었다. 언제든지 다시 그 집에 가면 들장미는 분명 우리 가족을 기쁘게 맞아주리라.

매지

8

여자가 이기는 88 습관
섹스는 기쁨으로 맞이하라

당신은 지금 섹스트러블에 시달리고 있습니까?
여기 당신을 지혜로운 성(性)의 세계로 이끄는
이정표가 있습니다.
행복한 마음으로 이 책을 열고 들어오십시오.

누구나 솔직하고 진실한 성품을 좋아하고 칭찬한다. 솔직함은 참으로 고귀한 것이지만 자신보다는 상대에게 더 유리한 측면이 있다. 반면에 속임수는 사람들이 싫어하고 미워하지만 적절한 재기는 때로 유익하고 필요하기도 하다. 그러니 어느 한쪽을 버리지 않은 상태에서 다른 한쪽을 취하도록 하라. 평상시에는 진실하고 솔직한 모습으로 성실한 사람이라는 평판을 얻고, 드물게 찾아오는 중요한 순간에는 적절한 재기를 발휘하는 것이다. 평소의 명성 덕분에 사람들은 더 쉽게 믿을 것이고 그 효력 또한 훨씬 커질 것이다. 이런 까닭에 나는 언제나 속임수로 살아가는 사람은 인정할 수 없지만, 가끔 재기를 발휘하는 여성들은 눈감아줄 수 있다.

키스라는 이름의 비타민

달콤한 키스는
더할 수 없는 기쁨의 묘약입니다.

　좋아하는 사람과 키스를 할 때, 당신은 어떤 느낌이 드나요? 그의 얼굴, 입술, 혀와의 접촉이 압도적인 자극이 되어, 기쁨이 배가됩니다.

　그런데, 키스가 실제로 우리의 몸과 마음의 건강에 도움이 된다는 사실을 알고 있나요? 서로 사랑하는 사람끼리의 키스에는 여러 가지 효능이 있습니다.

　우선 키스를 하면, 몸 안에 몇 가지 물질이 분비됩니다. 그 중 가장 강력한 것이 바로 엔돌핀이지요. 이것은 몹시 효과적인 진통물질입니다. 그 다음 옥시토닌이 분비됩니다. 이것은 '행복의 호르몬'이라고 불리지요. 그리고 디하이드로에피안드로스테론이 있습니다. 이것은 성호르몬의 근원이 되는 물질이며, 특히 오르가즘에서 중요한 역할을 하죠. 그리고 마지막으로 페닐에틸아민을 들 수 있습니다. 이것은 하쉬쉬, 모르핀에도 함유되어 있는 물질이며, 애정이 강렬하면 강렬할수록 혈중농도가 상승합니다.

　이와 같은 물질은 모두 감정을 고양시켜 성욕을 촉진하는 효과가 있기 때문에 키스는 습관이 되는 것입니다. 더욱 키스를 하고 싶은 생각에 사로잡히게 만들지요.

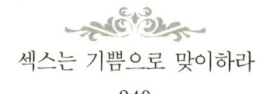

섹스는 기쁨으로 맞이하라

이러고 보니, 달콤한 키스란 더할 수 없는 기쁨의 묘약이군요. 더욱이 센스 있게 키스하는 것은 여성의 멋진 습관입니다.

G. 체르는 말했습니다.

"손 위에 하는 것은 존경의 키스, 이마 위에 하는 것은 우정의 키스, 뺨 위에 하는 것은 호의의 키스, 입술에 하는 것은 사랑의 키스, 감겨진 눈시울에 하는 것은 동경의 키스, 손바닥에 하는 것은 원망의 키스, 팔목에 하는 것은 욕망의 키스, 그리고 그 나머지는 모두 광기의 소산이다."

이제부터 당신의 삶에서도 키스라는 비타민이 작용하길 바랍니다.

♣ 삶을 이기는 멘토
1. 키스할 때, 당신은 그 달콤함을 음미하나요?
2. 왜 사람들은 키스를 비타민에 비유할까요?

두려움 속의 첫경험

사랑의 의미, 사랑의 관념, 사랑의 행위는 다를지라도,
여자에게 첫남자의 의미, 남자에게 첫여자의 의미는 똑같습니다.

여성은 첫경험을 꿈꿉니다. 그것은 남자도 마찬가지입니다. 그들은 성(性)이 그들에게 더할 나위 없이 커다란 환희를 가져다주리라 믿고 기대합니다.

그러나 그들의 첫경험이 정말 꿈 같은 체험일까요?

처음이니만큼 그들의 섹스는 아주 서투릅니다. 장소도 마땅치 않아서 혹시나 사람들에게 관계가 드러나지는 않을까 끊임없이 불안해하며, 재빨리 끝마쳐야 한다는 강박관념 속에서 이루어지지요.

여자는 지나치게 긴장한 나머지 섹스의 느낌을 음미할 여유를 갖지 못하고, 남자는 너무 허둥대서 기대했던 만큼 즐거움을 얻지 못합니다.

더욱이 오르가즘에 도달하는 여자는 극히 소수이지요. 그 점은 남자들도 똑같습니다. 그들은 몹시 실망합니다. 분명 절정에는 도달한 것 같지만, 상상했던 특별하고 환상적인 체험은 맛보지 못했으니까요.

또 한 가지 간과할 수 없는 일이 있습니다. 여자들은 누구나 첫경험을 두려워한다는 것입니다. 첫경험 때 겪게 될지도 모를 육체적 통증과 그 뒤에 찾아올지 모를 마음의

섹스는 기쁨으로 맞이하라

통증 때문입니다.

그러나, 두려워하지 마세요.

가령, 여자는 원치 않는 섹스를 할 때에, 육체의 통증을 가장 크게 느낍니다. 상대 남자가 역시 처음이라서 아주 서투르다면 통증은 더욱 심합니다. 반대로 여자가 부드러운 섹스를 바라며 남자를 사랑으로 흡수하면, 처음이라도 통증을 거의 느끼지 않는답니다.

그러면 마음의 통증을 느끼지 않으려면, 어떻게 해야 할까요?

안전하고 유익한 방법이 하나 있습니다.

그것은 정말로 사랑하는 사람과 섹스를 나누는 것입니다. 진정으로 원하는 사람과 섹스를 하면, 통증 대신 기쁨이 찾아옵니다.

섹스는 사랑하는 남녀가 나누는 자연스런 행위이고, 그를 맞이했던 첫 순간은 살아가면서 잊혀지지 않습니다.

여자와 남자의 사랑의 의미, 사랑의 관념, 사랑의 행위는 서로 다를지라도, 여자에게 첫남자의 의미, 남자에게 첫여자의 의미는 똑같습니다.

남자는 자신을 첫남자라 말하는 여자에게 끝까지 지워지지 않을 흔적을 남깁니다.

기대했던 것보다 실망스럽고 별것 아니라고 여겨질 수는 있습니다. 하지만 이 맨 처음 한 번의 경험은 상대에 대한 구속력을 행사합니다. 그냥 즐기기 위한 것이었다면, 별 의미 없이 끝날 수도 있습니다. 그리고 원치 않던 섹스트러블이 생겨 서로 증오의 불이 끓고 원망하는 사이가 되었다면, 그것은 정말 불행한 일입니다.

이 모든 괴로움을 이길 수 있는 유일한 방법이 있습니다.

꼭 사랑하는 사람과 섹스하세요. 첫경험은 여자에게나 남자에게나 똑같은 의미로 다가옵니다. 행복한 경험이라면, 당신은 일상을 활기차게 살아갈 근원을 마련해줄 남자의 흔적을 소유하게 될 것입니다.

♣ 삶을 이기는 멘토
1. 섹스는 사랑하는 남녀가 나누는 진정한 몸과 정신의 신성한 행위입니다.
2. 당신은 그와의 첫경험으로 인해 삶의 활력을 얻었나요?

섹스는 기쁨으로 맞이하라

플라토닉 러브를 꿈꿉니까?
사랑의 본질에 다가가는 방법은
꼭 섹스를 통해서만은 아닐 것입니다.

당신은 혹시 플라토닉한 사랑을 꿈꾼 적이 있나요?

플라토닉한 관계란, 정신적인 애정이 있을 뿐이고 육체적인 교감은 없는 관계를 말합니다. 요컨대 섹스는 안중에 없는 것이지요.

그런데 플라토닉이란 본디 그보다 훨씬 좁은 의미였습니다. 플라토닉의 어원이 된 그리스의 철학자 플라톤은 여성을 무시하며 이렇게까지 여성을 비하시켰다고 합니다.

"여성이란 신으로부터 저주받은 존재나 같다."

그러므로 그는 여성과의 애정은 물론 섹스에도 무관심했습니다. 그에게 있어 참다운 사랑은 같은 남성 사이에만 존재하는 것이었습니다. 플라토닉 러브란 근본적으로는 성숙한 남성과 청년과의 마음의 연결이었던 것입니다. 연장자의 애정이 젊은이에게 뜨겁게 향해져 있기는 했지만, 육체적인 욕구는 억제되어 있었던 것이죠.

플라톤의 확신에 따르면 참다운 애정은 미(美)에 대한 사랑이었습니다. 그리고 그 아름다움이란 인간의 육체를 통해서가 아니라 오로지 그 영혼(魂) 속에서만 느끼는 것이라고 했습니다.

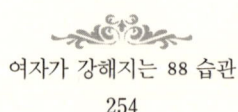

따라서 플라토닉 러브란 용어를 본래의 의미로 사용한다면, 남성끼리 서로 존경과 애정을 품고는 있지만 육체관계는 의식적으로 피하고 있는 경우를 뜻합니다. 우리가 흔히 생각하는 '정신적인 사랑'과는 조금 차이가 있지요.

당신은 혹시 지금도 플라토닉한 사랑을 꿈꾸고 있나요?

사랑의 본질에 다가가는 방법은 꼭 섹스를 통해서만은 아닐 것입니다. 좀 더 깊은 내면으로의 여행도 훌륭한 사랑의 한 방법이죠. 하지만 육체적인 사랑 속에서 정신적인 유대를 느낄 수 있다면, 사랑하는 사람과의 건강한 섹스로 당신을 인도하고 싶습니다. 마치 꽃이 개화하듯이, 당신의 성(性)의 세계가 활짝 피어서 향기를 발산할 수 있다면, 그것으로도 충분히 아름다운 것이겠지요.

♣ 삶을 이기는 멘토
1. 당신도 플라토닉 러브를 꿈꾸나요?
2. 세상에 존재하는 사랑의 유형들을 세어보세요.

섹스는 기쁨으로 맞이하라

그는 당신의 몸을 확인하고 싶어합니다

섹스가 끝나고 옷을 입는 순간에도
그의 눈길은 당신의 몸을 음미합니다.

사랑을 나누는 남자의 눈은 연인의 몸을 꼼꼼히 확인합니다. 길고 가녀린 목선과 아름다운 쇄골을 따라 내려가면서 결국에 눈길이 머무는 곳은 가슴입니다.

남자들은 은근히 풍만한 가슴을 기대합니다. 그것은 애무할 때 더욱 자극적인 희열을 안겨주기 때문이죠. 그들은 부드럽고 풍만한 가슴의 감촉을 음미하며 만족감을 느낍니다. 여성의 가슴성형수술이 유행하는 것도 이러한 남자들의 욕구에 부응하기 위한 것인지도 모릅니다.

하지만 요즘 여성 중에는 야윈 사람이 많습니다. 남자들은 모이면 자기 연인의 몸이 너무 앙상하다며 은근히 불평합니다. 너무 앙상해 격렬하게 섹스하고 싶은 마음이 사라져버린다는 것입니다.

그러면 어떻게 해야 그가 당신의 몸에 빠지게 만들 수 있을까요? 만일 당신의 가슴이 너무 빈약해서 자신감이 서지 않는다면, 가슴이 아닌 다른 곳에 그의 눈길이 머물도록 유도하세요. 아마 당신은 가슴은 빈약할지 모르지만, 아름다운 허리선과 예쁜 엉덩이, 늘씬한 다리를 소유하고 있을지도 모릅니다. 그런 제2의 포인트에 그가 집중하도록 하면 됩니다. 그는 당신과의 섹스 내내 당신의 몸에서 눈을 떼지 못할 것입니다.

남자는 마지막 순간까지 여자의 몸을 확인하고 싶어합니다. 섹스가 끝나고, 당신이 옷을 입는 순간에도 그는 당신의 옷 입는 모습을 눈여겨보며 음미하고 있을 것입니다.

그가 당신의 몸에서 다른 여자에게선 느끼지 못하는 매력을 느낀다면, 그날의 섹스는 최상입니다. 그는 당신에게 부드럽게 말을 걸어올지도 모르죠.

"당신 몸은 너무 매력적이야. 잊지 못할 것 같아."

♣ 삶을 이기는 멘토

1. 섹스할 때, 그는 마치 탐조등처럼 당신의 몸에 눈길을 쏟습니다. 섹스가 끝난 후까지도 그는 당신의 몸을 살피나요?

섹스는 기쁨으로 맞이하라

느끼는 척해서는 안 됩니다

지금까지 당신은 그 앞에서 쩔쩔 매지 않았습니까?
이제는 당신이 성적으로 섬김을 받을 차례입니다.

섹스할 때, 대부분의 여성들은 연극을 합니다. 너무나도 열심히 애쓰며 몰입하는 그를 생각해서, 최상의 쾌감을 느끼는 것처럼 연기하죠.

이래선 안 됩니다. 오히려 쾌감을 느껴도 못 느끼는 척하는 것이 방법이라면 방법입니다. 그는 분명히 초조해서 안절부절못할 것입니다. 결국엔 자기 섹스테크닉에 불안감을 갖게 되지요. 남자는 갖은 애무로 여자의 마음을 녹이려 들 것입니다. 이렇게 남자가 진지해지기 시작하면, 그는 더 이상 여성의 우위에 서지 못합니다.

남자는 여자가 자기를 떠날지도 모른다는 생각에, 섹스 때마다 마치 목숨을 건 사람처럼 애달아할 것입니다. 이것으로 여성이 명령자가 되는 것입니다.

지금까지 당신은 그 앞에서 맨몸으로 쩔쩔 매지 않았습니까? 이제는 당신이 성적으로 섬김을 받을 차례입니다.

여자가 강해지는 88 습관

지난날을 떠올려 보세요. 그는 정말 무례하고 오만했습니다. 바로 당신이 "좋아요!"라고 지나치게 소리쳤기 때문에 생긴 일들이었습니다.

이제 그가 궁여지책으로 격렬하게 섹스를 시도할 것입니다. 그러면 이렇게 속삭이세요.

"한 번 더요."

남자는 곧 기쁨에 겨워 떨고, 당신은 영원히 그의 주인이 되는 것입니다.

♣ 삶을 이기는 멘토

1. 섹스할 때 당신은 언제나 안절부절 못하고 노심초사했습니다. 이제는 그의 벗은 몸 앞에서 당당해지세요. 그가 당신 앞에 무릎을 꿇고 애달아하는 모습을 마치 여왕처럼 지켜보시기 바랍니다.

섹스는 기쁨으로 맞이하라

언제나 새로운 절정의 순간

하나의 황홀한 문이 닫히면 또 하나의 황홀한 문이 열립니다.
두 사람의 영원한 사랑의 세계만이 있습니다.

성숙해진 당신에게 그 절정의 순간은 예측 가능한 것이었습니다. 때로는 기쁨에 가득 차서 황홀한 생각도 했겠지요. 하지만 그것은 스릴과는 거리가 멀고 추억에 가득 찬 것도 아니었습니다.

당신은 기적이 일어날지도 모른다는 꿈을 꾸고 있었는지도 모릅니다. 어느 날 당신의 몸이 놀랄 정도로 변화해 성적 능력이 꽃을 피우고, 집에서 멀리 떨어진 달빛이 내리쏟는 해안에서 인생을 바꾸는 사건이 일어날 것으로 생각하고 있었던 것이 아닐까요?

어느 날, 갑옷을 입은 기사가 백마를 타고 나타납니다. 그는 격정에 가득 찬 눈길로 당신을 바라보다 덥석 안아올려 말에 태웁니다. 그리고 눈이 부실 정도로 환상적인 동화의 세계로 달려갑니다. 이렇게 생각하지는 않았을까요?

하지만 당신이 지극히 평범한 여성이라면 이미 꿈을 꾸는 일은 사라졌을 것입니다. 꿈보다는 현실을 받아들이게 된 거죠. 이젠 환상을 꿈꾸는 자신과는 일찌감치 헤어지고, 당신 안에서 분출하기를 기다리는 새로운 성의 에너지를 느끼게 되었을 것입니다. 그렇게 되기 위해서 남자 따원 필요치 않았죠. 그리고 기적 같은 것도 필요치 않았죠. 당신이 당신의 손으로 성취하는 것입니다. 자기 안에 잠재한 것을 당신 자신의 힘으로 끌어낸 것뿐입니다.

절정의 순간에서 가장 중요한 것은 무엇이건 예측할 수 없도록 하는 것입니다. 두 번 다시 똑같은 방법은 쓰지 않는다, 두 번 다시 똑같은 감각은 맛보지 않는다, 두 번 다시 똑같은 방법으로 시작하지 않고 똑같은 방법으로 끝내지 않는다, 그것이 가장 멋진 것입니다.

당신과 사랑을 나누는 시간은 끊임없이 그를 놀라게 할 것입니다. 더 나아가 당신 자신도 놀라게 되죠. 성욕에서도, 호기심의 강도에서도, 오르가즘의 강도에서도, 어김이 없습니다. 끝없이 연인의 정열을 부추기는 자신의 모습에 스스로도 놀랍니다.

하나의 문이 닫히면 또 하나의 문이 열립니다. 당신을 위해 열린 문은 성적인 미래로 안내하는 통로입니다. 그리고 그 미래에 한계는 없습니다. 언젠가 당신의 마음은 보다 깊은 육체적 친밀감을 맛보며 완전히 열릴 것입니다. 모든 룰은 깨지고 일상은 놀라움으로 가득 찰 것입니다.

당신은 지금 마음의 준비가 되어 있나요? 이제까지 구속하고, 강요하고, 생기를 빼앗고, 열정을 빼앗아 온 것에 안녕을 고할 마음의 준비가 되어 있나요? 더욱 에로틱한 인생을 보낼 마음의 준비가 되어 있나요? 아무 문제없습니다. 그 절정의 순간은 놀라움에 가득 찬 환희의 삶을 가져다 줄 것입니다.

섹스는 기쁨으로 맞이하라

♣ 삶을 이기는 멘토

1. 그와 함께한 순간 열정을 다하세요.
   그 놀랍고도 은밀한 세계에 탐닉하세요.
2. 당신은 마음의 껍질을 깰 준비가 되어 있나요?

일과 섹스 라이프

섹스에서 만족감을 얻는 여성은,
직장생활이나 가정생활에서의 모든 불만도 쉽게 해소합니다.

남녀 간에 이루어지는 섹스는 정말로 의미가 깊습니다. 그만큼 만족스런 섹스를 하기는 힘이 듭니다. 당신도 이제 성인 여성이므로 멋진 섹스를 그리워할 필요가 있죠.

이유는 단순합니다. 멋진 섹스를 하는 여성은, 얼굴도 몸도 아름다워지기 때문입니다. 표정도 밝고, 생기발랄하고, 여자로서의 요염함도 풍깁니다.

한번 주변을 둘러보세요. 같은 여성이 봐도 왠지 모르게 섹시함이 느껴지는 여성이 꼭 있을 것입니다.

왜 그 여성은 밝고 행복해 보일까요? 아마도 섹스라이프가 만족스럽기 때문일 것입니다.

여성은 섹스에서 충만감을 얻으면, 그것으로 인해 모든 것에서 만족감을 느낍니다.

명품을 사고 싶을 때, 가방도 옷도 시계도 보석도 전부 명품이기를 고집하는 여성은 의외로 적습니다. 명품 가방 하나만 가져도, 우선은 명품에 대한 욕구가 채워지지요.

섹스라이프도 마찬가지입니다. 섹스라이프에서 만족감을 얻는 여성은, 직장생활이나 가정생활에서의 모든 불만도 쉽게 해소합니다. 무슨 일이든 긍정적이고 의욕적으로 임

섹스는 기쁨으로 맞이하라

하기 때문에, 매일매일 충실하게 살 수 있는 거죠. 자연적으로 얼굴 표정이 밝아지고, 윤기가 흐릅니다.

 세상에서 가장 행복한 여자는 일과 사랑에서 모두 성공한 여성일 겁니다. 기쁨을 주는 섹스라이프는 여자가 이기는 최적의 습관입니다. 일에서도 원동력이 되어 성공적인 삶을 부르지요.

♣ 삶을 이기는 멘토
1. 당신의 섹스라이프는 만족스러운가요?
2. 당신의 섹스라이프가 불만족스럽다면, 어떤 개선책을 가지고 있나요?

남자는 여자의 우아한 품격에 약합니다

침대 위에선 천박함을 드러내는 말은 삼가세요.
당신을 유흥가의 여성쯤으로 착각하게 될지도 모릅니다.

당신은 연애에 대해서 어떤 남다른 생각을 가지고 있나요?

연애에는 발견의 즐거움이 중요합니다.

얼마 전 내가 다니는 직장의 한 남자사원이 말하더군요.

"그녀를 만난 지 얼마 되지 않아서예요. 데이트를 하다가 무심코 악기점에 들렀지요. 선 채로 피아노를 치는 그녀를 보고 놀랐답니다. 그때까지 피아노 이야기는 입 밖에도 내지 않던 그녀였어요. 새삼 그녀를 다시 보게 되었지요."

피아노라서 대단한 건 아닙니다. 영어회화건, 노래 실력이건, 꽃꽂이건, 댄스이건 상관 없습니다. 문제는 그 사람의 진면목이죠.

예를 들어 성관계가 즐거운 여성이었다고 생각해 봐요. 그것만으로는 외도에 편리한 여자라고 생각하고 말지요. 그런데 호텔에서 나온 뒤의 대화가 매우 높은 수준의 지적인 것이었다면, 남자는 여자를 다시 보게 될 것입니다.

구태여 그렇게 어려운 이야기가 아니어도 좋습니다. 그와 행복한 시간을 보낸 뒤, 그녀가 이렇게 말한다면 어떠

섹스는 기쁨으로 맞이하라

할까요?

"맥주가 좋을까요? 그렇지 않으면 또 나를?"

이같이 유머러스하게 묻는 여성이라면 그는 절대로 놓치고 싶지 않을 겁니다.

이것은 남자도 마찬가지예요.

속 깊은 남자와 천박한 남자는 바로 침대 위에서 확실하게 나타납니다.

러브호텔이라고 해서 티슈나 사용한 콘돔 등으로 방을 어질러놓고 태연하게 돌아가는 남자라면 그만 끝내는 게 좋겠죠.

또한 모처럼 즐거운 시간을 보냈음에도 불구하고 침대 위에서 직장 상사의 욕이나 제멋대로 늘어놓는다면 두 번 다시 만나고 싶은 마음이 들지 않을 것입니다.

침대 위에서 천박함을 드러내는 말은 절대로 삼가세요. 남자가 당신을 유흥가의 여성쯤으로 착각하지 않도록 말입니다. 여성으로서 우아하고 품격있는 멋진 모습을 보여주지 않으면 후회 남는 끝을 맺을 수도 있습니다.

♣ 삶을 이기는 멘토

1. 침대 위에선 즐거운 대화만 하세요.
   절정의 순간이 끝난 뒤 나눌 행복한 이야기들을, 당신은 모아 놓았나요?
2. 침대 위에선 처음처럼 우아하게 행동하세요. 당신은 우아하게 가꾼 자신의 누드를 거울에 비추어 보았나요?

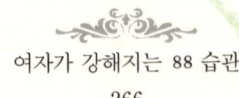

여자가 강해지는 88 습관

진정한 섹스, 바람기 섹스

진정한 여성은 처음부터 젖지 않습니다.
남자도 마치 포옹하듯이 따뜻한 마음으로 그녀를 대하죠.

　여성도 그렇지만 남성도 진정한 상대를 대하면 가슴속에서 따뜻함이 솟구쳐 오릅니다. 그것은 남자의 머리에 기묘한 그림이 떠오르기 때문이죠.
　유흥가의 여성이라면 처음부터 젖어 있다고 남자는 상상합니다. 그렇지만 자신의 연인 역시도 처음부터 젖어있다고 생각지는 않습니다. 그래서 섹스를 할 때도 마치 포옹하듯이 따뜻한 마음으로 안아주지요.
　더 알기 쉽게 말하자면, 남성은 유흥가의 여성에게는 처음부터 손을 성기로 뻗습니다. 머릿속에 섹스밖에 없기 때문입니다. 하지만 사랑하는 연인에게는 그런 난폭하고 무례한 짓은 하지 않습니다. 그 때문에 싫어하게 되면 큰일이니까요.
　게다가 처음부터 음란한 기분에 젖어 있는 여성과 달리, 이쪽은 대화가 중요하고 그 대화의 발전에 따라서 포옹이나 키스를 하게 되는 만큼 남자는 한두 걸음 물러서서 신중합니다.
　만일 그의 본심이 무엇인지 몰라 고민한다면, 그가 당신의 몸에 어떻게 접촉해오는지 보세요.

섹스는 기쁨으로 맞이하라

만일 그가 상반신부터 접촉해 온다면, 정말 다행입니다. 그런데 바로 몸 아래 깊숙히 성기 가까이에 손을 뻗거나 "하자!"라든가 "해!"와 같은 무례한 말을 태연하게 내뱉는다면 그는 진심으로 당신을 사랑하고 있는 것이 아닙니다.

어떤 남자든지 서로 달아올랐을 때가 아니면, "하자!"라든가 "지금 하고 싶다"는 말을 입 밖에 내기를 힘들어합니다. 그러므로 일방적으로 요구하는 남자에게는 애정보다도 욕정만이 앞서 있다고 볼 수 있죠.

또 성행위가 한창일 때도 "괜찮아요?"라든가 "어때 느낌이 와요?" 등등 여성을 배려하는 말을 잊지 않는 남자라면 믿을 수 있습니다.

그렇지만 제멋대로 당신을 다루며 "좋지?" "왜, 좋지 않아?"라고 아무 말이나 내뱉으며 당신의 마음을 전혀 배려하지 않는 남자라면 당신을 아껴주는 마음은 없는 것입니다.

그러니 그와의 첫날밤, 그를 잘 살피세요. 그리고 그가 당신을 유흥가의 여자쯤으로 생각하는지, 진정한 연인으로 생각하는지를 잘 가늠해야 합니다.

♣ 삶을 이기는 멘토
1. 당신과 섹스를 할 때, 그는 무어라 속삭이나요?
2. 섹스할 때, 당신은 그에게서 따뜻함을 느끼나요?

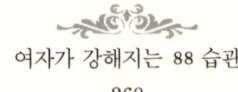

여자가 강해지는 88 습관

그의 말을 믿는가?

가벼운 사랑의 약속은 무의미해지고,
그는 결국 바람처럼 떠날 것입니다.

당신에게 최악의 남자는 누구입니까?
"널 사랑하니까, 할 수 있는 거야."
"우린 어차피 결혼할 거잖아."
이렇게 말하면서, 당신의 마음은 아랑곳하지 않고 덮쳐오는 남자, 이런 남자야말로 최악이라고 할 수 있을 것입니다.
절대로 그의 말을 믿지 마십시오. 그는 오로지 당신과의 섹스에 목이 말라 '사랑'과 '결혼'을 내세우는 것입니다.
이런 남자들은 두 가지 타입으로 나뉩니다.
하나는, 섹스에 익숙하지 못한 볼품없는 남자입니다. 그는 '사랑'과 '결혼'을 앞세우지 않으면, 당신이 돌아서버릴 것이라고 생각합니다. 결국 소심한 그와의 섹스에서 당신이 얻을 것은 별로 없지요.
다른 하나는, 정반대로 섹스에 너무나 자신만만한 남자입니다. 이런 남자는 하룻밤 동침으로 당신을 자기 마음대로 움직일 수 있다고 믿습니다. 상대 여성이 자신의 탁월한 섹스의 기술에 매료되어 절대로 자신에게서 벗어나지 못할 것이라 생각합니다. 실제로 그와의 섹스가 커다란 쾌

섹스는 기쁨으로 맞이하라

감과 만족감을 주었을지 모릅니다. 그러나 이런 남자의 문제는 섹스로 모든 일을 해결하려 든다는 것입니다.

예를 들면, 바람피우다가 들켰을 때나 돈이 필요할 때에도 한 번의 섹스면 당신을 잠잠하게 하리라 믿는 것입니다.

"사랑하니까."
"이제 바람 안 피울 테니까."
"약속하잖아."

이런 가벼운 약속은 무의미해지고, 그는 결국 바람처럼 떠날 것입니다. 그때서 후회해 보았자 아무 소용없습니다. 그에게 당신과의 섹스는 애정의 확인이 아니라, 편리한 도구였던 것뿐입니다.

기억하세요. 그가 당신을 정말로 사랑하기 때문에 섹스를 원하는 것인지, 우선 섹스부터 하고보자는 것인지, 그것을 잘 분별해야 합니다. 사랑이 없는 섹스, 섹스가 없는 사랑을 곰곰이 생각해볼 줄 아는 것이, 바로 섹스라이프에서 여자가 이기는 습관입니다.

♣ 삶을 이기는 멘토

1. 당신은 섹스 파트너를 얼마큼 신뢰하나요?
2. 당신의 파트너가 섹스를 사랑의 행위로 보지 않고, 단지 편리한 유희로 생각한다면, 당신은 어느 방향으로 나아가겠습니까?

강해지는 지혜를 담은
아름다운 에세이

금잔화 씨앗 640개

　1933년에, 필라델피아의 유명한 종묘상인 데이비드 버피는 평범하고 주목받지 못하는 꽃을 매우 아름답고 매력적으로 만들 수 있다는 착상을 했다. 그 꽃은 바로 금잔화였다. 가장 불행한 특징—불쾌한 냄새—때문에 버려진 외로운 작은 꽃.

　그래서 데이비드 버피는 코를 틀어 막게 하는 대신에 코를 자극하는 냄새가 나는 금잔화를 개발하기 시작했다. 그는 방법은 단 한 가지밖에 없다는 사실을 알고 있었다. 그것은 바로 식물학자들이 변종이라고 부르는 것, 즉 우연히 이 불쾌한 냄새를 지니지 않게 된 한 송이 꽃을 찾는 것이었다. 그는 전세계에서 금잔화 씨앗 640가지를 수집했다. 이들 씨앗을 심어서 꽃이 피어나자, 그는 이들 꽃의 냄새를 맡았다. 모든 꽃에서 불쾌한 냄새가 났다. 아주 실망했지만, 씨앗을 찾는 일을 계속했다. 마침내 멀리 떨어진 티벳의 수도원에서 냄새는 없으나 꽃이 볼품없는 금잔화의 씨앗을 보내왔다.

　데이비드 버피는 이것을 자기가 가지고 있는 여러 종 중 하나와 교접시켜 35에이커의 넓은 땅에 심었다. 싹이 돋고

섹스는 기쁨으로 맞이하라

271

강해지자 그는 감독을 불러서 '데이비드가 미쳤나' 하고 생각할 만한 지시를 했다. 그는 감독에게 무릎을 꿇고 엎드려서 35에이커에 있는 모든 꽃의 냄새를 맡으라고 했다. 꽃송이가 크고 냄새가 나지 않는 꽃을 한 송이라도 발견하려는 것이 그 목적이었다.

"저 혼자서 이 꽃들의 냄새를 모두 맡으려면 35년은 걸릴 겁니다."

감독이 말했다.

그래서 데이비드 버피는 그 지방의 직업소개소에 지금까지 전례가 없던 의뢰를 했다. 200명의 꽃냄새 맡을 사람을 구하는 일이었다.

이들 냄새 맡는 사람들은 전국 각지에서 몰려와서 일하기 시작했다. 이보다 더 우스꽝스러운 광경은 없었다. 그러나 데이비드 버피는 자기가 하고 있는 일을 정확히 알고 있었다. 마침내 냄새 맡는 사람들 중 한 명이 꽃밭을 가로질러 감독에게 뛰어왔다.

"찾았어요."

감독은 그 사람이 표시해 놓은 곳으로 갔다. 과연 그곳에는 향긋한 냄새만이 가득했다.

세인

이희영
성균관대학교 국사학과 졸업
성균관대학교 대학원 사학과 졸업
파리사회과학고등연구원 EHESS 역사인류학 박사과정 수학
여성생활문화연구소 대표
지은책「엄마의 생활지혜」「솔로몬 탈무드」「유대인 공부 잘하는 방법」
옮긴책「어머니 통곡하지 마세요/펄벅」

팍팍한 남자들 팔팔하게 쏘자
여자가 강해지는 88 습관
이희영 지음

1판 1쇄 발행/2008년 8월 8일
발행인 고정일
발행처 동서문화사
창업 1956. 12. 12. 등록 16-345 (윤)
서울강남구신사동 540-22 ☎ 546-0331~6 (FAX) 545-0331
www.epascal.co.kr
잘못 만들어진 책은 바꾸어 드립니다.
*
이 책의 출판권은 동서문화사가 소유합니다.
의장권 제호권 편집권은 저작권 법에 의해 보호를 받는 출판물이므로 무단전재와 무단복제를 금합니다.
사업자등록번호 211-87-75330
ISBN 978-89-497-0461-6 03320